FSC
www.fsc.org
MIX
Papier aus ver-
antwortungsvollen
Quellen
Paper from
responsible sources
FSC® C105338

Impressum:

© 2016 Katharina Ziegelbauer

Schottenfeldgasse 78/6

1070 Wien

https://www.ernaehrungsberatung-wien.at

2. Auflage 2018

Herstellung und Verlag:

BoD - Books on Demand, Norderstedt

ISBN 9783734737510

Cover und Grafiken: Hermann Vogtenhuber (Coverfoto: istockphoto)

Inhalt

Ein paar Worte über Katharina Ziegelbauer und dieses Buch

Seit 2008 arbeite ich mit Leidenschaft als diplomierte Ernährungsberaterin nach TCM (Traditionelle Chinesische Medizin) in Wien. Der Grund für mein Interesse an der TCM war meine starke Neurodermitis, die ich mit der Ernährungsumstellung in den Griff bekommen habe. Nebenbei wurde meine Verdauung viel besser, mein Energielevel stieg steil an und früher alltägliche Beschwerden wie Kopfweh und PMS verschwanden.

Das hat mich so begeistert, dass ich diese Erfahrungen und mein Wissen weitergeben will, um Menschen mit ähnlichen Problemen zu helfen.

Mein Ziel ist zu zeigen, dass Essen nach TCM sehr einfach ist. Es funktioniert ohne exotische Zutaten und komplizierte Rezepte und verbessert viele körperliche Beschwerden. Gesunde Ernährung nach TCM schmeckt und macht Spaß! Und tut einfach gut.

In diesem Buch „TCM Praxis" möchte ich dir zeigen, dass jeder Mensch die einfachen Grundsätze der TCM leicht verstehen kann. Mein Ziel ist, dass du die alten Weisheiten der TCM direkt in deinem Alltag anwenden kannst. Und für dich eine erste Selbstdiagnose nach TCM erstellen kannst.

Du lernst in diesem Buch auf (hoffentlich) unterhaltsame Weise

- wie du das alte Wissen der TCM einfach in deinem Alltag umsetzen kannst
- wie du Symptome einordnen kannst, z.B. Verdauungsprobleme, Ödeme, Kopweh
- wie du deine Symptome mit der richtigen Ernährung verbessern kannst

Ich beschränke mich hier bewusst auf die Ansätze, die du in der Praxis wirklich brauchen kannst. Folgende Themen findest du in diesem Buch nicht:

- die Organuhr
- die Geister, die den Organen zugeordnet sind (Hun, Po...)
- die genauen Funktionen der Organe nach TCM
- die detaillierten Zuordnungen nach den 5 Elementen

In der Literaturliste findest du weiterführende Bücher. Ich vermerke dort jeweils, in welchem Buch du die nicht behandelten Themen findest, damit du selbst weiterrecherchieren kannst.

Hast du Fragen zu diesem Buch? Ich helfe dir gerne weiter: Du findest mich auf

- Facebook (www.facebook.com/ErnaehrungsberatungWien)
- Instagram (www.instagram.com/katharina_ziegelbauer)
- meinem Blog (www.ernaehrungsberatung-wien.at/blog)

Weitere Bücher und Onlinekurse findest du in meinem e-Shop:
www.ernaehrungsberatung-wien.at/e-shop

Was ist die Traditionelle Chinesische Medizin (TCM) und was zeichnet sie aus?

Die TCM gibt es seit mehreren tausend Jahren, in denen sie konstant weiterentwickelt wurde. Sie ist ein bisschen vergleichbar der TEM (Traditionelle Europäische Medizin), die in den letzten Jahren an Popularität gewonnen hat. So wie Hippokrates und Hildegard von Bingen in Europa die Wirkung von Kräutern und Ernährung studiert haben, wurde das auch in China gemacht.

„Lass Nahrung deine Medizin sein." Hippokrates

Der Unterschied ist der, dass das alte Wissen bei uns im Westen in Vergessenheit geraten ist. Heute steht die Schulmedizin im Mittelpunkt und naturheilkundliche Methoden werden immer noch nicht wirklich ernst genommen. In China hingegen ist die TCM mit ihren Kräutern und der Akupunktur gleichrangig zur Schulmedizin, die natürlich auch in China nicht mehr wegzudenken ist. Der pragmatische Zugang lautet: Das nehmen, was hilft.

Der Hauptunterschied zwischen Schulmedizin und TCM:

Die Schulmedizin ist gut bei akuten Krankheiten (z.B. ein Knochenbruch, Herzinfarkt), die TCM ist gut bei chronischen Krankheiten.

Gerade chronische Krankheiten sind ein Thema, bei dem der Schulmedizin die geeigneten Mittel fehlen. Sie kann zwar Symptome unterdrücken (z.B. Cortison bei Asthma, Antihistaminika bei Pollenallergie), aber die Ursache bleibt bestehen. Genau das ist die Domäne der TCM: Sie schließt von den Symptomen auf die Ursache (z.B. Hitze oder Feuchtigkeit) und behandelt dann diese Ursache.

Ein weiterer Unterschied: In der Schulmedizin gibt es **Fachleute** für die verschiedenen Bereiche das Körpers: vom Internisten über die Neurologin bis zum Zahnarzt. In der TCM gibt es einen Arzt für alle Beschwerden. Der Grund liegt darin, dass die TCM den Menschen als eine Einheit sieht, in der sich alle Symptome gegenseitig beeinflussen. Um die Ursache von Beschwerden und Krankheiten zu finden, sind alle Symptome wichtig, vom Kopf bis zu den Füßen.

Der dritte Unterschied: Die TCM sieht auch den **Geist und die Seele als einen Teil** des gesamten Systems. Körperliche Beschwerden können direkt von Emotionen ausgelöst werden, ebenso wie Emotionen von bestimmten Beschwerden beeinflusst werden können.

Beispiel: Eine zu heiße Leber, z.B. durch Alkohol oder zu viel frittiertes Fleisch, kann zu vermehrten Wutanfällen führen. Ebenso kann ein cholerisches Temperament auf Dauer die Leber erhitzen und dort zu körperlichen Beschwerden führen, wie Migräne und Bindehautentzündungen.

Diese Zusammenhänge werden auch von der Schulmedizin immer mehr anerkannt. In der TCM sind sie seit altersher bekannt und gelten als selbstverständlich.

Die 5 Säulen der TCM:

- Akupunktur
- Kräutermedizin
- Tuina
- Qi Gong („Arbeit mit dem Qi")
- Ernährung

Akupunktur und Kräutermedizin dürfen in Österreich nur hier zugelassene ÄrztInnen ausüben.

Zu welchem Arzt?

Achte bei der Auswahl eines/einer TCM-ÄrztIn immer darauf, dass er/sie die gesamte TCM-Ausbildung absolviert hat. Diese dauert mehrere Jahre. In Österreich können ÄrztInnen auch das Akupunktur-Diplom als Fortbildung absolvieren, das dauert aber nur wenige Monate und es fehlt an TCM-Grundwissen.

Tuina wird von PhysiotherapeutInnen ausgeübt, es ist eine Art Massage, die sanft wirkt und besonders bei Kindern sehr gut wirksam ist. Qi-Gong und Tai Qi sind Bewegungsarten, die das Qi stärken sollen. Ernährung ist die Basis für die Gesunderhaltung nach TCM. Bevor man Kräuter oder Akupunktur gibt, wird zuerst die Ernährung optimiert.

TCM-Kräuter und Akupunktur können bei vielen Beschwerden helfen. Wenn du allerdings die Ernährung nicht dauerhaft verbesserst, kommen die Beschwerden wahrscheinlich bald wieder.

Grenzen der Ernährung nach TCM

Ernährung ist kein Wundermittel. Schwere Erkrankungen wie Krebs oder Multiple Sklerose gehören in die Hände von ÄrztInnen.

Die Domäne der TCM-Ernährung ist die Vorbeugung und das Verbessern von eher leichten Beschwerden, wie Verdauungsproblemen, Menstruationsbeschwerden und Energiemangel. Diese Form der Ernährung stärkt die Selbstheilungskräfte und ist sicher eine gute Basis bei den meisten schweren Erkrankungen. Aber alleine ist sie meiner Meinung nach für eine Behandlung zu wenig.

Suche dir bei schweren Erkrankungen eine/n gute/n TCM-ÄrztIn. Mit Kräutern und Akupunktur können Nebenwirkungen von schulmedizinischen Behandlungen (z.B. Chemotherapie) gelindert werden. Ein Zusammenspiel von schulmedizinischer und naturheilkundlicher Behandlung ist für mich das Mittel der Wahl.

Qi, Blut, Körpersäfte, Yin und Yang, Feuchtigkeit

Qi

Wenn du dich schon mit der TCM-Ernährung beschäftigt hast, hast du sicher schon vom Qi gehört (gesprochen: Tschi). Aber was ist das eigentlich?

Am einfachsten kann man es mit „Lebensenergie" übersetzen. Diese ist die Grundlage allen Lebens und aller Substanzen im Körper, also vom Blut und den Körpersäften, von Yin und Yang, bis hin zu unserem Geist (Shen).

Um gesund zu bleiben, brauchen wir laut TCM ausreichend Qi, das frei durch den Körper fließt.

Und woher bekommen wir unser Qi? Genau – aus dem, was wir essen und trinken! Deshalb ist die Ernährung in der TCM die Basis, um gesund zu bleiben und möglichst lange und erfüllt zu leben.

Neben der Ernährung gibt es noch zwei weitere Quellen des Qi:

- das Ursprungs-Qi, das wir von unseren Eltern mitbekommen
  (Ähnlich den Genen. Am Ursprungs-Qi kannst du nicht viel ändern, aber gut damit umgehen. Schone deine Ressourcen und betreibe keinen Raubbau.)
- das Atmungs-Qi, das wir über die Lunge aus der Luft aufnehmen
  (Das kannst du z.B. über Atemübungen stärken.)

Die Ernährung ist von diesen 3 Quellen der stärkste Hebel, den wir nutzen können, um unser Qi zu stärken.

Zur Stärkung des Qi brauchen wir:

- qi-reiches Essen und
- eine gute Verdauungskraft, um das Qi auch aufnehmen zu können

Was ist qi-reiches Essen?

Natürliche Nahrungsmittel geben uns Qi, also Gemüse, Früchte, Getreide, Hülsenfrüchte, Nüsse, aber auch Fleisch, Eier und Fisch.

Frisch gekochte Mahlzeiten geben uns mehr Qi als tiefgekühlte und dann aufgetaute Mahlzeiten. In guter Erde gewachsene, reif geerntete Nahrungsmittel geben uns mehr Qi als im Glashaus gewachsene oder importierte Nahrungsmittel.

Industriell verarbeitete Nahrungsmittel geben uns nur sehr wenig Qi. Je stärker verarbeitet ein Nahrungsmittel ist, desto weniger Qi enthält es. Beispiele: Weißmehl, raffinierter Zucker, Limonaden, Packerlsuppen (Tütensuppen), Diätprodukte, Mikrowellenmahlzeiten gelten als qi-los bzw. sogar als Qi-Räuber.

Verdauung stärken, um viel Qi aufnehmen zu können

- regelmäßig essen
- bewusst, in Ruhe und langsam essen
- 2-3 gekochte Mahlzeiten am Tag essen (vor allem das warme Frühstück ist sehr effektiv)
- Rohkost nur in Maßen essen
- Brotmahlzeiten, Kuhmilch, Zucker reduzieren
- auf deine individuelle Verdauungsleistung Rücksicht nehmen (Blähendes meiden etc.)

Sorge für deine Gesundheit vor und iss überwiegend qi-reiches Essen. Achte dabei auf deine Verdauung und du tust schon sehr viel, um gesund zu bleiben.

Funktionen des Qi im Körper

- Es ist die Quelle aller Bewegung, vom Herzschlag über das Gehen und Sprechen bis zur Bewegung der Nahrung durch die Verdauungsorgane.
- Es schützt uns vor Krankheiten (Abwehr-Qi).
- Es wandelt um, z.B. Nahrung in Blut oder Körperflüssigkeiten in Urin.
- Es hält das Blut in den Gefäßen und die Organe an ihrem Platz.
- Es nährt unsere Organe und unseren Körper (Nähr-Qi).

Wenn du zu wenig Qi hast, kann es diese Funktionen nicht mehr erfüllen und es kommt in einem oder mehreren Bereichen zu Beschwerden. In der Folge findest du die häufigsten Ungleichgewichte des Qi und was du dagegen tun kannst.

Qi-Mangel

Qi-Mangel kann den gesamten Köper betreffen, dann bist du insgesamt lethargisch und körperlich und geistig müde. Dein Gesicht ist vielleicht blass oder leicht gelblich und dein Blutdruck niedrig. Die Stimme ist leise und eher schwach und du magst nicht viel sprechen. Du kannst dich nicht lange auf etwas konzentrieren und neigst dazu, dir zu viele Sorgen um alles zu machen.

Qi-Mangel kann auch ein einzelnes Organ betreffen.

Organe nach TCM

Die Organe sind in ihrer Bedeutung nicht deckungsgleich mit unserer westlichen Sichtweise der Organe. Milz-Qi-Mangel bedeutet nicht, dass deine Milz krank ist. Und auch wenn du anatomisch keine Milz mehr hast, kannst du deine „Milz" nach TCM stärken.

In der TCM geht es immer um die Funktionen der Organe, weshalb sie häufig als „Funktionskreise" bezeichnet werden. Ich bleibe hier beim Ausdruck „Organe" und bitte dich im Hinterkopf zu behalten, dass es eigene Begriffe sind, die nur teilweise etwas mit unserer westlichen Vorstellung der jeweiligen Organe zu tun haben.

Milz-Qi-Mangel kommt in der Praxis am häufigsten vor. Der Magen ist das Partnerorgan der Milz, gemeinsam stehen sie für das gesamte Verdauungssystem und gelten als „Wurzel der Gesundheit". Deswegen ist in der TCM die Pflege der Verdauung so wichtig!

Symptome des Milz-Qi-Mangels und Magen-Qi-Mangels

zu weicher Stuhl, Blähungen, Verdauungsprobleme	Neigung zu Krampfadern und Besenreißern
Müdigkeit, vor allem morgens	Hämorrhoiden
wenig Appetit, kein Hungergefühl	Organsenkungen, wie Gebärmuttervorfall oder Blasensenkung
Völlegefühl nach wenig Essen	dumpfes Kopfweh
leichte Magenschmerzen	leichte Schwindelgefühle, vor allem beim schnellen Aufstehen
Aufstoßen	schwache Muskeln
verkürzter Menstruationszyklus oder Zwischenblutungen	Unverträglichkeiten
Zahnfleischbluten	

Symptome des Lungen-Qi-Mangels

schwaches, unproduktives Hüsteln	Spontanschweiß untertags ohne körperliche Anstrengung
häufige Erkältungen	Allergien
Kurzatmigkeit	

Symptome des Herz-Qi-Mangels

Herzrasen oder -stolpern	Freudlosigkeit
Ängstlichkeit	

In welchem Organ der Qi-Mangel auftritt, ist für die passende Ernährung nicht so wichtig: Es wird immer die Milz gestärkt. Die Milz gilt als Quelle von Qi und Blut und steht deshalb bei der Ernährungsberatung immer im Mittelpunkt. Die Hauptregeln dazu findest du oben (vgl. Seite 7, qi-reiches Essen und Stärken der Verdauungskraft).

Speziell stärkende Nahrungsmittel für die Milz

Datteln	Huhn	Linsen
Fenchel	Karotten	Maroni
Forelle	Karpfen	Pastinake
Gerste	Kartoffel	Reis (jede Sorte)
Hafer	Kohlsprossen (Rosenkohl)	Sellerie (Knolle)
Hirse	Kichererbsen	Süßkartoffel
Honig	Kürbis	

Verwende zur Stärkung deiner Milz häufig verdauungsfördernde Gewürzen wie Kümmel, Koriander (gemahlen) und Kardamom. Kleine Mengen davon sind ausreichend.

Qi-Stagnation

Schmerzen oder Spannungsgefühle, die irgendwo in deinem Körper auftreten, zeigen, dass dein Qi nicht frei fließt. Alle Schmerzen werden nach TCM auf ein stagnierendes Qi (und in der Folge stagnierendes Blut) zurückgeführt. Unterstütze also deinen Qi-Fluss, damit du schmerzfrei bleibst oder wirst.

Ein freier Qi-Fluss sorgt außerdem für ausgeglichene Emotionen, eine regelmäßige Verdauung und eine regelmäßige, schmerzfreie Menstruation.

Symptome der Qi-Stagnation

Blähungen und Völlegefühl	Stimmungsschwankungen (himmelhoch jauchzend, zu Tode betrübt)
Verstopfung, auch abwechselnd mit Durchfall	Reizbarkeit
Spannungsgefühl in den seitlichen Rippen	plötzliche Gefühlsausbrüche
Prämenstruelles Syndrom (PMS, z.B. Brustspannungen)	Kloßgefühl im Hals, häufiges Räuspern und Seufzen
unregelmäßige Menstruation	Nägelbeißen
Menstruationsbeschwerden (z.B. Bauchkrämpfe)	nächtliches Zähneknirschen
Kopfweh	Wetterfühligkeit

Um das Qi zu bewegen, wird in der TCM vor allem Akupunktur empfohlen, die du bei TCM-ÄrztInnen durchführen lassen kannst.

Die Ernährung kennt wenige Nahrungsmittel, die das Qi direkt bewegen können:

Apfelessig	Pfefferminztee, Jasmintee
Artischocke	Radieschen, Rettich (roh)
Basilikum, Kresse	Safran, Kurkuma
Kohlrabi, Grünkohl	Stangensellerie (roh und gekocht)
Orangenblütentee, Rosenblütentee	Zwetschge (Pflaume)

Diese Nahrungsmittel, Gewürze und Getränke wirken langsam, aber stetig. Für eine optimale Wirkung iss regelmäßig kleine Mengen davon. Mehr wirkt nicht mehr, wichtiger ist die Regelmäßigkeit.

Wenn du deine Symptome verbessern willst, achte vor allem darauf, Ungünstiges zu reduzieren. Damit kannst du auf Dauer mehr erreichen als mit Akupunktur, Kräutern oder speziellen Nahrungsmitteln.

Verschlechternd bei einer Qi-Stagnation wirken:

häufiges Überessen	zu viele Süßigkeiten und Zucker
im Stress essen	Fast Food, Fertigprodukte
zu schnell essen	zu viel Kaffee
zu viel Alkohol	unterdrückte Emotionen
zu viel Fett	

Wenn das Qi über mehrere Monate oder sogar Jahre stagniert, entsteht eine „Reibungshitze". Das heißt, Qi-Stagnation führt auf Dauer immer zu Hitze. Achte bei deiner Ernährung darauf, dich sanft zu kühlen und erhitzende Nahrungsmittel und Getränke zu vermeiden (vgl. „Die thermische Wirkung der Nahrungsmittel" auf Seite 62).

Wie unterscheidest du Qi-Mangel von Qi-Stagnation in der Praxis?

Symptome des Qi-Mangels werden durch Belastung oder Bewegung eher schlechter, z.B. Kurzatmigkeit oder Herzrasen. Müdigkeit und Energiemangel stehen im Vordergrund.

Bei den Symptomen des Qi-Mangels helfen oft:

* Ruhe
* Berührung, Massage, Druck
* Wärme
* regelmäßiges, vorwiegend gekochtes Essen

Bei stagnierendem Qi stehen innere Anspannung, Druck- und Spannungsgefühle und Frustration und Ärger im Vordergrund. Die Symptome werden schlechter bei Stress und emotionalen Belastungen.

Bei den Symptomen der Qi-Stagnation helfen oft:

* Bewegung ohne Leistungsdruck
* Gefühle zulassen, anerkennen, verarbeiten
* Ausgleich Erholung/Freizeit und Arbeit
* regelmäßig schlafen

Beispiel: Du kommst am Abend nach Hause und bist erschöpft vom Tag. Gehst du dann lieber eine Runde laufen oder legst dich aufs Sofa? Wenn dir die Bewegung hilft und du dich danach entspannter und ausgeglichener als vorher fühlst, dann deutet das auf ein stagnierendes Qi als Ursache der Erschöpfung hin. Du musst dein Qi bewegen, um dich gut zu fühlen. Wenn du dich aber zum Laufen zwingen musst und danach noch fertiger bist als vorher, dann zeigt das einen Qi-Mangel. Du brauchst Ruhe, um dich zu erholen. (Maßvolle Bewegung ist natürlich auch bei Qi-Mangel sinnvoll.)

Qi

Qi ist die „Lebensenergie", die unseren Körper mit allem versorgt, was er braucht, und ihn lebendig erhält. Um gesund zu bleiben, brauchst du ausreichend Qi, das frei durch den Körper fließt.

Ausreichend Qi bekommst du vor allem durch regelmäßige, qi-reiche Ernährung, die du gut verdauen kannst.

Den freien Fluss des Qi kannst du vor allem über den Umgang mit Stress und deinen Gefühlen beeinflussen sowie durch Bewegung.

Blut

Blut ist in der TCM die materielle Form von Qi. Es ist also nicht mit unserer westlichen Vorstellung von Blut gleichzusetzen, obwohl es einige Überschneidungen gibt (z.B. eisenreiche Nahrungsmittel stärken auch nach TCM das Blut).

Wie entsteht das Blut nach TCM?

Die Hauptquelle für die Blutbildung ist das Qi, das mithilfe der Milz aus der Nahrung gewonnen wird. Wenn das Qi im Mangel ist (vgl. Seite 8), folgt häufig auch ein Blut-Mangel. Das unterstreicht wieder die Rolle der richtigen Ernährung, die nicht nur für die Qi-Produktion, sondern auch für den Zustand unseres Bluts verantwortlich ist. Nicht umsonst bildet die Ernährungstherapie die Basis für alle anderen Therapien in der TCM (Akupunktur, Kräutermedizin).

Funktionen des Bluts im Körper:

- nährt
- befeuchtet
- kühlt
- beruhigt die Nerven
- sorgt für guten Schlaf

Was sind die häufigsten Probleme des Bluts und wie kannst du sie erkennen?

Blut-Mangel

Wenn du insgesamt zu wenig Blut hast, bist du wahrscheinlich sehr erschöpft.

Unterschied zur Erschöpfung beim Qi-Mangel:

Beim Blut-Mangel sind eine innere Unruhe und Nervosität dabei, die beim Qi-Mangel fehlen. Deine Nerven müssen nach TCM in ausreichend Blut ruhen, um ruhig und stark zu sein. Wenn zu wenig Blut da ist, liegen sie sozusagen „trocken". Dann entsteht innere Unruhe.

Beim Blut-Mangel bist du zwar fix und fertig, kannst aber nicht abschalten und schläfst schwer ein.

Beim Qi-Mangel bist du einfach nur erschöpft und könntest ständig schlafen. Du hast keine Probleme, am Abend abzuschalten und schnell einzuschlafen.

Weitere Symptome des Blut-Mangels

blasses Gesicht und blasse Lippen	Anämie, Eisenmangel
Schwindel, benommenes Gefühl	spärliche Menstruationsblutung
trockene Augen	unregelmäßige Menstruation
Flecken im Gesichtsfeld, verschwommenes Sehen	Schreckhaftigkeit, Ängstlichkeit
Nachtblindheit, Lichtempfindlichkeit	Einschlafstörungen, nicht abschalten können
trockene Haut	unruhiger Schlaf, viele Träume
brüchige Nägel und Haare	Schlafwandeln
Haarausfall	spröde Sehnen und empfindliche Bänder
trockener Stuhl	Taubheitsgefühle in den Gliedmaßen, Muskelzittern

In den meisten TCM-Büchern wird ein Herz-Blut- und ein Leber-Blut-Mangel unterschieden. Die Unterschiede sind nur graduell, deshalb gehe ich hier nicht darauf ein.

So stärkst du dein Blut:

- Stärke dein Milz-Qi (vgl. „Qi-Mangel" auf Seite 8), die Quelle des Bluts, mit regelmäßigen, gekochten Mahlzeiten.
- Iss häufig saftige Speisen wie Suppen, Eintöpfe und Kompotte.
- Mache wenn möglich regelmäßig einen Mittagsschlaf oder eine Erholungspause.
- Lerne Entspannungsübungen oder Meditation.
- Gehe vor Mitternacht ins Bett.

Integriere blutstärkende Nahrungsmittel in deine tägliche Ernährung.

grüne Blattgemüse und Brokkoli	grüne, frische Kräuter
rote und dunkle Beeren (in der Saison, nicht tiefgekühlt)	Linsen
rote Weintraube, auch als Saft	Mandeln, Pinienkerne, schwarzer Sesam
Wurzelgemüse wie Karotten, Pastinaken	Ei, Huhn, Rind (in Maßen, bekömmlich zubereitet)
rote Rüben (Beete), auch als Saft (als kleine Kur: ca. 1/8 l täglich, über 2 Wochen, bei Bedarf wiederholen)	Trockenfrüchte, speziell Aprikosen, Datteln, Rosinen

Passe diese Empfehlungen zum Blutaufbau bitte an deine persönliche Verdauungsstärke an. Dein Körper kann nur das in Blut umwandeln, was er auch verdauen kann. Blähungen, Völlegefühl und andere Verdauungsbeschwerden sind ein Zeichen dafür, dass dein Körper die Nährstoffe nicht umwandeln kann und so auch kein Blut daraus bilden kann.

Folgendes schadet deinem Blut:

- zu viele scharfe Gewürze, v.a. Pfeffer, Knoblauch, Chili
- zu viel Kaffee, Schwarztee, Grüntee
- Rauchen
- zu viel trockenes Essen wie Brezeln, Chips, Brot
- Mahlzeiten auslassen und insgesamt zu wenig essen
- nährstoffarm essen (Fertigprodukte, Brotmahlzeiten...)
- zu häufig Blut spenden

Blut-Stagnation

Wenn das Blut nicht frei fließt, entstehen Schmerzen. Diese sind im Unterschied zur Qi-Stagnation lokal fixiert, also immer an derselben Stelle. Dunkle Hautveränderungen und bläulich-violette Lippen und Zunge können Zeichen einer Blut-Stagnation sein. Ebenso geschwollene, bläuliche Unterzungenvenen (an der Unterseite deiner Zunge zu sehen).

Symptome der Blut-Stagnation

starke Menstruationsschmerzen	Krampfadern
größere Klumpen im Menstruationsblut	Tumore
Myome, Zysten, Endometriose	

Es gibt sehr wenige Nahrungsmittel, die direkt das Blut bewegen können: Aubergine (Melanzani), Essig, Pfirsich und Brunnenkresse gehören laut dem „Praxisbuch Nahrungsmittel und Chinesische Medizin" dazu. Diese können allerdings keine Wunder wirken. Günstig bei Blut-Stagnation ist immer, das Qi zu bewegen (vgl. „Qi-Stagnation" auf Seite 10).

Bei Blut-Stagnation ist Ernährung alleine definitiv zu wenig. Das Mittel der Wahl sind in der TCM blutbewegende Kräuter und Akupunktur (bei TCM-ÄrztInnen erhältlich).

Blut-Hitze

Wenn dir oft heiß ist, zeigt das nach TCM ein Zuviel an Yang (Feuer, vgl. Seite 18). Bei der Blut-Hitze ist die Hitze in einer tieferen Ebene beheimatet und dadurch auch schwerer alleine mit Ernährung zu kühlen als ein übermäßiges Yang. TCM-Kräuter können deshalb eine gute Unterstützung sein, um die Blut-Hitze zu kühlen (bei TCM-ÄrztInnen erhältlich).

Symptome der Blut-Hitze:

rote Hauterscheinungen wie Neurodermitis und Akne (je röter und entzündeter, desto mehr Blut-Hitze)	häufiges Nasenbluten oder sehr starke Menstruationsblutung
Furunkel, Abszesse	Blut im Stuhl

In der Ernährung geht es bei Blut-Hitze vor allem darum, stark wärmende und erhitzende Gewürze, Nahrungsmittel und Getränke zu meiden.

Meide bei Blut-Hitze:

- scharfe Gewürze
- Knoblauch, Lauch (Porree), Schnittlauch, Bärlauch, Zwiebel
- Zimt, Gewürznelken, Anis, Galgant, getrockneten Ingwer (und frischen Ingwer im Übermaß)
- Kaffee, Yogi-Tee, Chai, Ingwertee
- zu viel Fleisch, vor allem frittiert, gegrillt und bei hoher Hitze angebraten
- Wurst, vor allem Hartwurst
- Konservierungsmittel und Zusatzstoffe
- Meeresfrüchte wie Shrimps und Muscheln

Kühle dich mit Gemüsesuppen, Apfel- und Birnenkompott, Reis und vorwiegend pflanzlicher Nahrung. Kühlend wirken auch Atemübungen, Entspannung, ausreichend Schlaf und innere Ruhe und Gelassenheit. Versuche, hitzige Emotionen wie Zorn, Ärger und zu viel Druck und Stress zu vermeiden

---

Blut

Das Blut ist die materielle Form von Qi. Bei einem Blut-Mangel muss man immer das Qi mit stärken. Bei zu wenig Blut kommt es im Körper zu:
Trockenheit, Hitze, Mangelerscheinungen (an Nägeln, Haaren, Haut...), Erschöpfung, „dünnen" Nerven, Unruhe und Schlafproblemen
Der wichtigste Ernährungstipp, um dein Blut zu stärken ist:
Meide zu scharfe, bittere und erhitzende Gewürze, Nahrungsmittel und Getränke und iss sanft kühlende bis sanft wärmende Nahrungsmittel (vgl. thermische Wirkung, Seite 62), saftig zubereitet.

Körpersäfte

Die Körpersäfte umfassen Speichel, Schweiß und die Verdauungssäfte. Sie befeuchten unsere Sinnesorgane und schmieren die Gelenke. Die Säfte halten unsere Haut von innen geschmeidig und weich. Wenn du zu wenige Körpersäfte hast, entsteht ein Säfte-Mangel, also Trockenheit.

Säfte-Mangel

Die Symptome eines Säfte-Mangels:

trockener Stuhl	trockene Haare
trockene Haut	trockene Lippen
trockene Schleimhäute	trockene Augen
trockener Mund	spärliche Miktion (wenig Urin)

Wenn du Trockenheit bei dir bemerkst, iss häufig saftige Speisen, am besten täglich.

- Kompott
- Gemüsesuppe
- Eintopf mit viel Gemüse
- häufig gekochtes Gemüse als Beilage

Meide Gewohnheiten, die die Trockenheit verschlimmern:

- bittere Getränke wie Kaffee, Schwarztee, Grüntee, Rotwein
- scharf essen
- erhitzende Getränke wie Yogi-Tee, Ingwertee, Chai
- zu viel Rohkost und Brotmahlzeiten
- Verwende außerdem gute Fette wie Olivenöl, Butter, Leinöl, Ghee, Kokosfett und Sesamöl.

Yin und Yang

Du kennst sicher das Yin-Yang-Symbol. Das Schwarze steht für das Yin, das für die Nacht, die Ruhe, die Kälte und das weibliche Prinzip steht. Das Weiße steht für das Yang, das für den Tag, die Bewegung, die Wärme und das männliche Prinzip steht.

Wie du siehst, enthält die weiße Form einen schwarzen Punkt und umgekehrt. Das bedeutet, dass jedes Yin auch Yang enthält und umgekehrt. Die zwei brauchen sich gegenseitig, da sie alleine nicht existieren können. Ohne Helligkeit keine Dunkelheit, ohne Wärme keine Kälte. Die Kälte kann man wieder in Yin und Yang aufteilen, eiskalt (Yin) versus mäßig kalt (Yang). Und so geht es immer weiter, wie in einer russischen Matrjoschka-Puppe. Jedes Phänomen kann unendlich weiter in Yin und Yang aufgeteilt werden.

Yin und Yang kontrollieren sich gegenseitig, sodass sie im dynamischen Gleichgewicht bleiben. Dynamisch bedeutet, dass sich das Verhältnis immerzu wandelt. Das absolute Gleichgewicht gibt es nicht. Das ist auch gut zu wissen, um sich kein unrealistisches Ziel zu setzen – einige Symptome eines Mangels sind durchaus normal, da Yin und Yang sich immer neu austarieren. Und eines kann sich ins andere verwandeln, zum Beispiel extreme Hitze (hohes Fieber) wird zu Kälte (Schüttelfrost).

Auf Yin und Yang ist eine ganze Philosophie aufgebaut. Die TCM teilt alle Phänomene in ihren Yin- und Yang-Aspekt ein, von Körperteilen über Nahrungsmittel bis zu Krankheitsursachen. Für die Praxis sind meiner Meinung nach nur folgende Aspekte wichtig:

Der Mensch ist gesund, wenn:

- Yin und Yang ausreichend vorhanden sind
- Yin und Yang im (ungefähren) Gleichgewicht sind

Das Yin kannst du dir vorstellen als:

- alles Materielle im Körper, alle Substanz, wie Blut, Körpersäfte, Knochen, Gewebe, Zähne, Muskeln

---

Blut und Körpersäfte gehören zum Yin

Ein Mangel an Blut und Säften ist eine Vorstufe zu einem Yin-Mangel, der eine tiefergehende Störung ist. Es gibt einen Blut-Mangel ohne Yin-Mangel, aber keinen Yin-Mangel ohne Blut-Mangel.
Die Übergänge sind fließend und nicht immer eindeutig zu unterscheiden.

Der Hauptunterschied ist die Hitze, die beim Yin-Mangel zu den Symptomen des Blut-Mangels dazukommt. Du erkennst ein mangelndes Yin also vor allem an Trockenheit (z.B. trockene Haut) und Hitze (z.B. rote Hautausschläge, Nachtschweiß).

Das Yang kannst du dir vorstellen als:

- alles Immaterielle im Körper, wie Qi (Lebensenergie), Wärme, Antrieb, Lust auf Bewegung, Libido, Fruchtbarkeit, Gedanken, geistige Prozesse, Emotionen

Das Qi ist ein Teil des Yang

Ein Mangel an Qi kann zu einem Yang-Mangel führen und ist immer ein Teil davon. Ein Yang-Mangel gilt als tiefergehende Störung als ein Qi-Mangel.

Der Hauptunterschied ist die Kälte, die beim Yang-Mangel zu den Symptomen des Qi-Mangels dazukommt. Du erkennst einen Yang-Mangel also vor allem an Müdigkeit, Antriebslosigkeit und Kälte (z.B. kalte Füße). Häufig ist noch pathogene Feuchtigkeit dabei, da das Feuer zu schwach ist, die Nahrung ausreichend zu „verdampfen" (z.B. Ödeme, Übergewicht). (vgl. Kochtopf-Modell, Seite 25)

Yin	Yang
„Wasser"	„Feuer"
„Lebenssaft" (nach Barbara Temelie)	„Lebenskraft" (nach Barbara Temelie)
Funktionen im Körper	
kühlt	wärmt
nährt	gibt Energie
befeuchtet	Lebensfreude
beruhigt die Nerven	Libido
guter Schlaf	Fruchtbarkeit
	Freude an Bewegung

Der Mensch entwickelt laut TCM ein Ungleichgewicht und in der Folge körperliche Symptome, wenn:

- Yang im Übermaß ist = Fülle-Hitze
- Yin im Übermaß ist = Fülle-Kälte und Ansammlung von Feuchtigkeit (vgl. Kapitel Feuchtigkeit, Seite 27)
- Yang im Mangel ist = Leere Kälte
- Yin im Mangel ist = Leere Hitze

Zur Veranschaulichung möchte ich dir **vier (klischeehafte) Personen** vorstellen, die für je eines der Muster stehen:

Yang im Übermaß (Fülle-Hitze):

Severin ist der typischen Wirtshausbesucher, der am liebsten Schweinebraten und Wurstsemmeln isst, gerne auch mal ein scharfes Gulasch, dazu ein möglichst kaltes Bier. Er hat immer ein rotes Gesicht, seine Augen sind auch blutunterlaufen und er poltert mit seiner lauten Stimme gerne herum. Severin geht auch im Winter mit kurzen Ärmeln, da ihm immer heiß ist, und er ist für seine cholerischen Anfälle im Dorf berüchtigt.

Yin im Übermaß (Fülle-Kälte und Feuchtigkeit):

Dolores hat die Heizung in ihrer Wohnung immer hoch aufgedreht und geht im Winter ungern vor das Haus. Sie isst am liebsten Käsebrot und Jogurt und trinkt gerne Orangensaft. Dolores versteht nicht, warum sie trotz ihrer gesunden Ernährung übergewichtig ist. Sie leidet unter ihren geschwollenen Knöcheln und Fingern. Dolores ist oft erkältet und fühlt sich meistens verschleimt.

Yang im Mangel (Leere Kälte):

Kurt braucht in der Früh erstmal einen Kaffee oder auch zwei, um in die Gänge zu kommen. Er fühlt sich in letzter Zeit antriebslos und leidet immer wieder unter depressiven Verstimmungen. Früher hat er gerne Fußball gespielt, aber dazu kann er sich gar nicht mehr aufraffen. Er arbeitet am Bau und ist dort oft Kälte und Regen ausgesetzt. Um durch den Tag zu kommen, trinkt er zwei bis drei Energydrinks am Nachmittag. Nach seiner Arbeit ist er am Abend so erschöpft, dass er nur noch vor dem Fernseher liegen will. Kurt ist blass und hat ständig kalte Füße. Seine Libido ist auch nicht mehr das, was sie in jungen Jahren war.

Yin im Mangel (Leere Hitze):

Maria ist seit kurzem in den Wechseljahren und es hat sie voll erwischt: Hitzewallungen, Nachtschweiß und eine sehr trockene Haut quälen sie. Außerdem hat sie jetzt immer so rote Flecken im Gesicht. Sie ist nervös und schreckhaft geworden, es reicht schon eine zufallende Tür und ihr Herz beginnt zu rasen. Maria isst gerne scharf, am liebsten die indische Küche. Außerdem liebt sie Ingwertee und Chili con carne. Sie arbeitet als Sekretärin in einem großen Betrieb und sitzt den ganzen Tag vor dem Computer. In letzter Zeit merkt sie, dass ihre Aufgaben sie zunehmend überfordern und sie den Stress immer schlechter aushält. Abends kann sie nur schlecht abschalten und In der Nacht hindern sie ihre brennheißen Füße am Durchschlafen hindern.

Das Gleichgewicht von Yin und Yang ist immer relativ

Das Verhältnis von Yin und Yang im Körper wandelt sich ständig. Du kannst dir vorstellen, dass dein Körper sich laufend neu „austariert". Das absolute Gleichgewicht von Yin und Yang gibt es nicht.

In der Praxis ist es so, dass eine **reine Fülle äußerst selten** vorkommt. Fast immer ist entweder das Yang oder das Yin im Mangel, oft auch beides.

Wenn dein Yang, also dein „Feuer", zum Beispiel in Fülle ist, wird über kurz oder lang dein Yin darunter leiden, weil es sozusagen „verbrannt" wird. Und wenn du zu viel Yin („Wasser") hast, erstickt mit der Zeit auch dein Yang daran.

Wenn du an Severin aus dem ersten Beispiel denkst (der Wirtshausbesucher), so hat seine Yang-Fülle sicher schon zu einem Yin-Mangel geführt. Das merkt er z.b. an einer Gastritis (Magen-Yin-Mangel, der Magen ist zu trocken) oder beginnender Schwerhörigkeit (Nieren-Yin-Mangel, die Nieren sind zuständig für die Ohren). Deshalb zähle ich hier nur die Symptome von Yang- und Yin-Mangel auf, da diese am häufigsten in der Praxis vorkommen.

Yin- und Yang-Mangel

Symptome eines Yang-Mangels (Kälte, Feuchtigkeit)

kalte Füße	Erschöpfung
häufiges Frieren	depressive Verstimmungen
Abneigung gegen Kälte	keine Lust auf Bewegung
blasses Gesicht	lethargische Einstellung
häufiges Harnlassen	Infektanfälligkeit
keine Lust, viel zu reden, langsame Sprache	Neigung zu Ödemen und Wasseransammlungen
mangelnde Libido	Neigung zu Übergewicht
Probleme mit der Fruchtbarkeit	Neigung zu Durchfall und breiigem Stuhl
wenig bis kein Durst	

Symptome eines Yin-Mangels (Hitze, Trockenheit)

innere Hitze	viel und schnelles Sprechen
Hitzewallungen	Schlafstörungen
Abneigung gegen Sommerhitze	brüchige Nägel und Haare
Nachtschweiß	Haarausfall
eher viel Durst	trockene Haut
rote Wangen oder rote Flecken im Gesicht	trockene Schleimhäute
innere Unruhe	Neigung zu Verstopfung
Gereiztheit	Neigung zu Magenschmerzen
Schreckhaftigkeit, „dünne" Nerven	Osteoporose

In einigen TCM-Büchern (z.B. Leitfaden Chinesische Medizin) werden Yang- und Yin-Mangel auch noch nach den betroffenen Organen aufgeschlüsselt (Herz-Yang-Mangel, Nieren-Yang-Mangel, Leber-Yin-Mangel, Magen-Yin-Mangel...). Diese Unterscheidung ist meiner Meinung nach für die Praxis nicht wichtig, deshalb gehe ich hier nicht näher darauf ein.

Wie stark ist der Mangel?

Je mehr Symptome bestehen, desto stärker ist der Mangel ausgeprägt.
Da sich Yin und Yang im ständigen Wandel befinden, ist es durchaus normal, wenn du von Zeit zu Zeit einige der angeführten Symptome hast. Mit den folgenden Tipps kannst du vorsorgen, dass sich keine tiefergehende Störung entwickelt.

Aufsteigendes Leber-Yang

Als eigenes Syndrom gibt es noch das aufsteigende Leber-Yang. Das kannst du dir wie ein in den Kopf hochschießendes Feuer vorstellen. Ursache dafür ist zu wenig kühlendes Yin. Das Yin, unsere Substanz („Wasser"), kann das starke Feuer nicht beherrschen und dieses schießt unkontrolliert hoch. Die Symptome sind deshalb vor allem im Kopf zu spüren.

Symptome des hochschießenden Leber-Yang:

Migräne	hoher Blutdruck
starker Schwindel	Hörsturz, Tinnitus
rote Augen	

Für die Behandlung gilt: Yin stärken (siehe unten)

So stärkst du dein Yang:

Da Qi ein Teil des Yang ist und bei Yang-Mangel immer auch betroffen ist, stärke vor allem dein Qi (vgl. Seite 8). Yang-Mangel bedeutet zusätzliche Kälte. Der wichtigste Tipp lautet deshalb:

Iss möglichst oft warm bzw. etwas Gekochtes (3-5 Mal am Tag, du kannst die gekochte Mahlzeit auch bei Zimmertemperatur essen, z.B. gekochte Salate).

Weitere Tipps für dein Yang:

- Iss wenig Rohkost, vor allem im Winter.
- Meide besonders die stark abkühlenden rohen Tomaten und Gurke sowie Südfrüchte wie Banane, Orange, Mango.
- Verzichte auf Jogurt, das extrem abkühlend wirkt. (Das gilt auch für Schaf-, Ziegen- und Soja-Jogurt).
- Meide Essen, das direkt aus dem Kühlschrank kommt.
- Meide kalte Getränke. Trink sie zumindest bei Zimmertemperatur, besser noch warm.
- Iss etwa 3x die Woche kleine Mengen gutes Fleisch (Bio, bekömmlich zubereitet), das stärkt besonders das Yang. Wenn du vegetarisch lebst, nimm Eier, Fisch oder Hülsenfrüchte stattdessen.
- Verwende wärmende und erhitzende Gewürze, wie Ingwer (auch als Tee), Pfeffer, Knoblauch, Chili, Zimt, in Maßen, um dein Feuer anzuheizen. Achtung: Wenn dein Yin, dein Blut oder deine Säfte ebenfalls im Mangel sind, lass diese weg.
- Bewege dich regelmäßig, um dein Yang anzuregen. Die Bewegung soll dich nicht auspowern, sondern dir vor allem Spaß machen. Beispiele: jeden Tag 10 Minuten schnell gehen, Stiegen steigen statt Aufzug fahren, Radfahren...

So stärkst du dein Yin:

Da Blut und Säfte ein Teil des Yin sind und bei Yin-Mangel immer auch betroffen sind, stärke diese immer mit (vgl. Seite 13 und Seite 17).

- Iss häufig Gemüsesuppen, Eintöpfe und Kompotte.
- Verwende gute Fette in jeder Mahlzeit, wie Olivenöl, Butter, Leinöl, Mandelmus, Sahne (Obers).
- Baue häufig Samen, Kerne und Nüsse in deine Nahrung ein.
- Verwende mineralstoffreiches Getreide wie Quinoa, Hirse, Hafer und Amaranth.
- Iss häufig Linsen, Bohnen und Kichererbsen (Achtung: nur wenn sie dich nicht blähen).
- Das Yin erholt sich in der Nacht. Achte deshalb auf ausreichend Schlaf. Gehe weit vor Mitternacht ins Bett.
- Mache untertags Pausen, z.B. Mittagsschlaf, 10 Minuten Spaziergang, Atemübungen oder Ähnliches. Diese müssen nicht lang sein, aber regelmäßig.
- Übe dich im Loslassen, Entspannen und Leichtnehmen.

Wie lange dauert der Aufbau von Yin und Yang?

Yin- und Yang-Mangel sind ernstere Störungen als Qi- oder Blut-Mangel. Rechne damit, dass es mehrere Monate bis Jahre dauert, bis sie wieder aufgefüllt sind. In dieser Zeit merkst du sicher schon Verbesserungen in deinem Wohlbefinden, das geht Schritt für Schritt.

Mehr Tipps zum Aufbau von Yin und Yang findest du bei der thermischen Wirkung und bei den Geschmäckern (vgl. Seite 52).

Eines kommt selten allein

In der Praxis kommt ein einzelnes Syndrom selten vor. Meistens sind die Syndrome ineinander übergehend, überlappen sich oder bestehen einfach nebeneinander. Sei deshalb nicht beunruhigt, wenn du sowohl Qi- als auch Blut-Mangel hast und vielleicht auch dein Yin im Mangel ist. Es ist normal!

Die gute Nachricht: **Stärke dein Milz-Qi und der Rest wird folgen!**

Dieses Nebeneinander von verschiedenen Schichten ist übrigens auch ein Grund dafür, dass bei einer Ernährungsumstellung nach TCM oft Symptome zum Vorschein kommen, die man noch nie gehabt hat.

Beispiel: Doris hat sich immer als Kälte-Typ (Yang-Mangel) empfunden, mit kalten Füßen und einer Abneigung gegen den Winter. Nach einigen Monaten, in denen sie vorwiegend gekochte Mahlzeiten isst und stark Abkühlendes wie Jogurt weglässt, bemerkt sie plötzlich Hitzewallungen. Seltsam!

Die Erklärung: Die unter dem Yang-Mangel ebenfalls vorhandene leere Hitze (Yin-Mangel) kommt jetzt zum Vorschein, weil das Yang schon gestärkt wurde und sozusagen Platz macht.

Wenn du mehrere Syndrome bei dir feststellst

Achte bei der thermischen Wirkung (vgl. Seite 62) auf die Mitte und reduziere extrem Abkühlendes genauso wie extrem Hitziges.

Verdauung nach TCM – das Kochtopf-Modell

Was ich an der TCM so mag, sind die bildlichen Erklärungen. Das macht die Vorgänge leicht verständlich. Das Kochtopf-Modell zeigt dir, wie die Verdauung nach TCM funktioniert und wie die pathogene Feuchtigkeit entsteht.

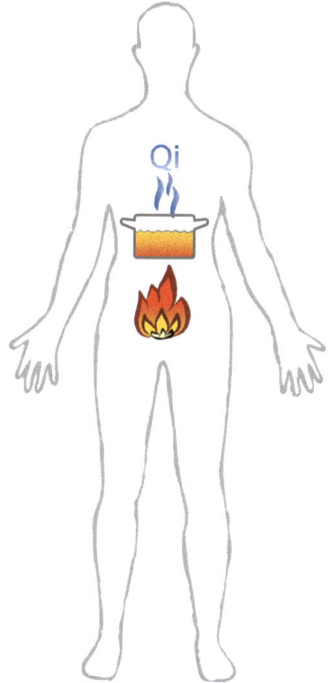

Das Kochtopfmodell

Im Bauch steht ein Kochtopf und darin kocht eine Suppe. Dein Magen muss alles, was du isst, in diese kochende Suppe verwandeln.

Wenn es zu kalt ist, muss er es aufwärmen. Beispiele: Jogurt, kalte Getränke, Rohkost. Wenn es zu trocken ist, muss der Magen Säfte dazugeben, damit die suppige Konsistenz entsteht. Beispiele: Brot, Chips, rohe Karotten.

Der Dampf, der aus der Suppe aufsteigt, ist das Qi – die „Lebensenergie" nach TCM –, das du aus der Nahrung gewinnst. Ohne Dampf kein Qi, das heißt du kannst die Nährstoffe nicht umwandeln und Energie und Blut daraus erzeugen.

Durch zu viel kaltes Essen kühlt die Suppe ab und kann nicht mehr dampfen.

Dauerhaft zu viel kaltes Essen hat 2 Folgen:

- Du kannst **kein Qi** aus der Nahrung gewinnen, also die Nährstoffe nicht aufnehmen, weil kein Dampf aus der kalten Suppe aufsteigen kann. Das führt zu Mangelerscheinungen, wie z.b. Müdigkeit (Qi-Mangel), trockener Haut oder brüchigen Nägeln (Blut-Mangel, da Blut nur erzeugt werden kann, wenn genug Qi da ist).
- Die kalte Suppe steht im Bauch und weiß nicht, wo sie hin soll. Das ist die pathogene, also krank machende **Feuchtigkeit**. Sie muss sich andere Wege im Körper suchen, da sie nicht verdampfen kann. Je nach Veranlagung setzt sie sich am Bauch ab (wir nehmen zu), sinkt in die Beine (du bekommst Ödeme), legt sich als Schleim in der Lunge ab oder kommt über die Haut heraus (Akne, Ekzeme). Das sind nur Beispiele, mehr zu den Erscheinungsformen der Feuchtigkeit gleich.

Das **Ziel der Ernährung nach TCM** ist, deine Verdauung so zu stärken und zu optimieren, dass keine Feuchtigkeit entsteht und Reste der Feuchtigkeit von früher langsam verdampfen können.

Wie du deine Verdauung am besten unterstützt:

Dazu gibt es einen guten Spruch in der TCM: „Der Magen liebt es warm, saftig und regelmäßig."

- Warm: Iss mindestens 2 gekochte Mahlzeiten am Tag. Es dürfen aber auch mehr sein.
- Saftig: Iss häufig Suppen, Breie, Kompotte, Eintöpfe, die dein Magen leicht in eine Suppe umwandeln kann. Gut sind auch saftige Gemüsearten wie Zucchini, Champignons, gedünstete Tomaten.
- Regelmäßig: Der Magen ist ein Gewohnheitstier und profitiert sehr von regelmäßigen Mahlzeiten. Lass keine Mahlzeiten ausfallen, wenn es nicht sein muss. Die Anzahl der Mahlzeiten am Tag ist individuell verschieden, von 2 bis 5 am Tag, je nach Hungergefühl.

TIPP

Halte Pausen von etwa 3 Stunden zwischen den Mahlzeiten ein. Ständiges Essen schwächt den Magen.

Feuchtigkeit und Schleim – Symptome und Gegenmaßnahmen

Durch unsere Lebensweise (viele Brotmahlzeiten, frittiertes Fleisch, Rohkost, Smoothies...) sind sehr viele Menschen von Feuchtigkeit betroffen. Deshalb widme ich diesem wichtigen Phänomen ein eigenes Kapitel. (Zur Entstehung von Feuchtigkeit vergleiche das Kochtopf-Modell, Seite 25.)

Hier sind 47 Merkmale, an denen du Feuchtigkeit an dir erkennen kannst:

Abszesse	Ödeme (Wasseransammlungen)	gelbliche Augen
Akne	Herpes (Fieberblasen)	gelbliche Haut
starker Ausfluss bei Frauen	unklare Übelkeit	Gerstenkorn, wiederkehrend
Cellulite (Orangenhaut)	Völlegefühl	Hautpilz
Neurodermitis	geblähter Bauch	Darmpilz (Candida)
Psoriasis (Schuppenflechte)	Fettunverträglichkeit	Nagelpilz
Furunkel	starke Erschöpfung	Bronchitis, wiederkehrend
Ekzeme	Lethargie („benebeltes" Gefühl)	dicke, geschwollene Zunge
verschleimter Rachen	übermäßige Speichelbildung	dicker Zungenbelag
häufiger Schnupfen oder rinnende Nase	Neigung zu breiigem Stuhl	geschwollene Unterlippe
Mittelohrentzündungen, wiederkehrend	Gelenksschmerzen	übermäßiges Schwitzen
erhöhter Cholesterinwert	Neigung zu Durchfall	Nasennebenhöhlenentzündungen, wiederkehrend
erhöhte Blutfettwerte	viel Ohrenschmalz	fehlendes Durstgefühl
Lipome	viel Augensekret	dumpfe Kopfschmerzen
rheumatische Erkrankungen	stark fettende Haare	trüber Urin
Übergewicht	Blasenentzündungen, wiederkehrend	

Übrigens: ein bisschen Feuchtigkeit im Körper ist normal! Mache dir keine Sorgen, wenn du ein paar Merkmale an dir findest. Wichtig ist nur, dass es nicht zu viel wird. Und das merkst du schnell, wenn es zu viel wird. Dann fühlst du dich nämlich nicht mehr wohl. Oder deine Symptome werden schlechter statt besser.

Wie du Feuchtigkeit vermeidest und bestehende Feuchtigkeit reduzierst

Iss mindestens zwei gekochte Mahlzeiten am Tag, besser noch drei. Je mehr Merkmale aus der Liste auf dich zutreffen, desto mehr solltest du auf gekochtes Essen achten. Am besten zu jeder Hauptmahlzeit und vielleicht auch noch dazwischen. Meide zu viel Rohkost, vor allem Südfrüchte (Banane, Mango...), Tomaten und Gurke.

Meide folgende Nahrungsmittel, die speziell befeuchtend bzw. verschleimend wirken:

- Kuhmilch
- weicher Käse (Topfen (Quark), Mozzarella, Hüttenkäse, Camembert...)
- Orangensaft
- weißer Zucker
- Weißmehl
- Schweinefleisch
- frittierte Speisen
- Bier, Cocktails

Höre auf zu essen, wenn du satt bist. Häufiges Überessen erzeugt ebenfalls Feuchtigkeit. Der Kochtopf ist von zu viel Nahrung einfach überfordert, sie bleibt liegen und Feuchtigkeit entsteht.

Nahrungsmittel, die Feuchtigkeit ausleiten helfen

Algen	Hirse	Makrele	Reis
Apfel (roh und als Kompott)	Kidneybohnen	Marille (Aprikose)	Rettich, Radieschen (roh)
Austernpilze	Kohlsprossen (Rosenkohl)	Mungbohnen	Sardine
Azukibohnen	Lauch	Oliven und -öl	Shiitake-Pilze
Champignons	Linsen	Polenta	

Baue diese Nahrungsmittel regelmäßig in deine Ernährung ein, wenn du Feuchtigkeit ausleiten willst. Achte dabei wie immer auf deine persönliche Verdauungskraft. Iss nichts, was dich bläht oder dir im Magen liegt. Iss auch nur das, was dir schmeckt. Die Verdauung funktioniert viel besser, wenn wir unser Essen genießen.

Algen kühlen sehr stark, Lauch wirkt stark erwärmend und Azukibohnen wirken stark trocknend. Nimm nur kleine Portionen von diesen drei Nahrungsmitteln. Sonst kann es zu unerwünschten Nebenwirkungen kommen (Kälte, Hitze, Säfte-Mangel).

Faustregel: 1-2 TL Algen die Woche, 1-2 Mal die Woche Lauch, 1-2 Mal die Woche Azukibohnen (1-2 EL)

Und warum ist Feuchtigkeit nach TCM eigentlich so schlimm?

Dafür gibt es zwei Gründe:

- Feuchtigkeit erstickt das Qi. Dieses ist die Grundlage der Gesundheit (vgl. Seite 7). Je mehr Feuchtigkeit, desto weniger Qi.
- Feuchtigkeit ist an den meisten schweren Krankheiten beteiligt.

Hier zeigt sich die vorbeugende Wirkung der TCM-Ernährung: Durch eine qi-reiche, gut bekömmliche und nicht befeuchtende Ernährung kannst du die Entstehung von schweren Krankheiten möglichst unwahrscheinlich machen.

Unterschied Feuchtigkeit - Schleim

Schleim = Feuchtigkeit, die durch Hitze und Stagnation zu Schleim eindickt

Feuchtigkeit wird zu Schleim durch den Einfluss von Hitze. Dieses Phänomen heißt auch „Feuchte Hitze". Die Feuchtigkeit wird dabei trübe, zäh und dickt ein.

Folgende erhitzende Faktoren spielen dabei eine Rolle:

- Rauchen
- Stress
- erhitzende Ernährung (scharf essen, zu schnell essen) (vgl. thermische Wirkung, Seite 62)
- Alkohol, Kaffee, Drogen

Schleim kann sichtbar sein (z.B. Auswurf bei Husten, Furunkel, Lipome) oder unsichtbar (z.B. Arteriosklerose, Bluthochdruck).

Schleim ist schwerer auszuleiten als Feuchtigkeit.

Beispiel: Ödeme (Feuchtigkeit) sind mit Ernährung ganz gut in den Griff zu bekommen. Bei Lipomen wird es schon schwieriger.

TCM-Kräuter (erhältlich bei TCM-ÄrztInnen) sind eine gute Unterstützung, um Schleim auszuleiten. Eine Ernährung, die Befeuchtendes und Erhitzendes dauerhaft reduziert, bildet die Basis.

---

3 Regeln zur Behandlung der Syndrome von Qi, Blut, Körpersäften, Yin, Yang und Feuchtigkeit

Sie sind einfach und entsprechen dem gesunden Menschenverstand.
1. Wärme bei Kälte, kühle bei Hitze.
2. Fülle auf, was im Mangel ist.
3. Leite aus, was zu viel da ist.

Beispiele: Wenn deine Füße ständig kalt sind, wärme dich mit mehr gekochten Mahlzeiten und meide zu Abkühlendes wie Jogurt und kalte Getränke.
Wenn du Hitzewallungen hast, kühle dich mit gekochtem Gemüse, Kompotten, Kräutertee und kleinen Mengen Rohkost. Meide zu viel Fleisch und scharfe Gewürze.

Wenn deine Nägel brüchig sind, deine Haare ausfallen oder deine Haut trocken ist, fülle Blut auf, indem du blutstärkende Nahrungsmittel wie rote Rüben (Beete), Beeren und grüne Blattgemüse isst. Stärke auch dein Qi (also deine Verdauungskraft), das die Quelle der Blutbildung ist.

Wenn du zu viel Feuchtigkeit im Körper hast, wie Ödeme, Übergewicht und eine verschleimte Kehle, leite die Feuchtigkeit aus. Iss mehr gekochte Speisen, damit deine „Verdauungssuppe" immer gut kochen kann und keine kalte Suppe (Feuchtigkeit) zurückbleibt. Meide befeuchtende Nahrungsmittel wie Kuhmilch, Zucker und Südfrüchte

Diagnose nach TCM

In diesem Kapitel zeige ich dir, wie TCM-ÄrztInnen genauso wie ErnährungsberaterInnen nach TCM ihre Diagnose erstellen. Dabei werden die Sinne verwendet: Sehen, Hören, Tasten. In der ursprünglichen TCM kommt auch das Riechen und Schmecken vor, das heute keine Rolle mehr spielt. Beispiel: Der Körpergeruch kann sauer sein oder eher scharf. Durch die Verwendung von Deo ist dieser nicht mehr aussagekräftig.

Ich gehe hier nicht in die Tiefe, möchte dir aber das wichtigste Handwerkzeug für die Selbstdiagnose mitgeben. Bitte beachte, dass es keine absolute Methode ist, sondern das Sammeln von Hinweisen. Diese können sich auch widersprechen. Es gibt in der TCM-Diagnose nicht die „eine" Wahrheit, sondern immer nur eine Annäherung an diese. Ich sehe es als Puzzle mit vielen verschiedenen Teilen, die am Ende ein Gesamtbild ergeben.

Beobachten

Körperform

- Übergewicht bedeutet immer Feuchtigkeit und ein mangelndes Milz-Qi.
- Sehr dünne Menschen neigen zu Blut- und Säftemangel.

Körperhaltung und Stimme

Zeichen für Kälte oder Qi-Mangel:
- langsame, eher schwache Bewegungen
- eher zusammengesunkenes Sitzen
- introvertierte Ausstrahlung
- eher gedrückte Stimmung
- leise, eher schwache oder heisere Stimme
- langsame Sprache

Zeichen für Hitze oder viel Qi:
- schnelle, kraftvolle Bewegungen
- aufrechtes Sitzen
- extrovertierte Ausstrahlung
- fröhliche Stimmung
- laute Stimme
- schnelle Sprache, „Sprudeln"

Gesichtsdiagnose

Zeichen für Kälte, Qi- und/oder Blut-Mangel:
- blasses Gesicht
- blasse Lippen
- bläuliche Lippen (können auch eine Stagnation zeigen)

Zeichen für Hitze:
- rotes Gesicht oder rote Flecken/ Wangen
- sehr rote Lippen
- trockene, rissige Lippen
- rote Augen

Zeichen für Feuchtigkeit:
- glänzendes Gesicht (fettige Haut)
- Akne, unreine Haut
- Fieberblasen, Gerstenkörner
- gelbliche Augen
- geschwollene Lippen
- geschwollene Augenlider
- geschwollene Augenringe

Zeichen für Yin-Mangel:
- trockene Haut
- viele Querfalten
- dunkle, trockene, eingefallene Augenringe

Befragung

Hier findest du die wichtigsten Fragen für eine Diagnose nach TCM. Dazu gebe ich dir jeweils einige Beispiele aus der Praxis, die häufig vorkommen.

Hunger, Durst, Verdauung

Symptom	Syndrom
kein Hungergefühl	Magen-Qi-Mangel
kein Durstgefühl	Feuchtigkeit oder Kälte
viel Durst	Hitze oder Säfte-Mangel
nächtliches Harnlassen	Yang-Mangel
häufige Blasenentzündungen	Feuchte Hitze oder Feuchte Kälte
harter Stuhl	Säfte-Mangel
Durchfallneigung	Milz-Qi-Mangel, Feuchtigkeit
häufige Blähungen	Milz-Qi-Mangel, Qi-Stagnation
stark übel riechender Stuhl und Blähungen	Feuchte Hitze
Gastritis, Sodbrennen, Magenstechen	Magen-Hitze
starker Süßhunger	Milz-Qi-Mangel
Unverträglichkeiten	Milz-Qi-Mangel

Augen, Nägel, Haut, Haare

Symptom	Syndrom
trockene Augen	Blut-Mangel
häufig Bindehautentzündungen	Leber-Hitze
brüchige Nägel	Blut-Mangel
trockene Haut	Säfte-Mangel, Blut-Mangel oder Yin-Mangel
Akne	Feuchte Hitze
Haarausfall, vorübergehend	Blut-Mangel (z.B. nach Geburt)
Haarausfall, dauerhaft	Yin-Mangel

Menstruation

Symptom	Syndrom
unregelmäßig und Schmerzen	Qi-Stagnation
Klumpen im Blut	Blut-Stagnation
sehr starke Blutung	Hitze
Zwischenblutungen	Milz-Qi-Mangel oder Kälte

Kälte- und Wärmegefühl

Symptom	Syndrom
leicht kalt und kalte Füße	Yang-Mangel
kalte Hände	Yang-Mangel oder Qi-Stagnation
Hitzewallungen	Yin-Mangel
heiße Füße in der Nacht	Yin-Mangel
immer zu heiß	Fülle-Hitze
Unverträglichkeit von Sommer-Hitze	Yin-Mangel oder Fülle-Hitze

Schweiß

Symptom	Syndrom
häufiges Schwitzen tagsüber ohne Belastung	Qi-Mangel
Nachtschweiß	Yin-Mangel
Schwitzen am Kopf	aufsteigende Hitze oder Feuchte Hitze

Klimatische Faktoren und ihr Einfluss auf die Beschwerden

Symptom	Syndrom
Verschlechterung durch Kälte	innere Kälte
Verbesserung durch Wärmeanwendungen	innere Kälte
Verschlechterung durch Hitze	innere Hitze
Verschlechterung durch Feuchtigkeit	innere Feuchtigkeit

Ödeme, Schwellungen

Symptom	Syndrom
Ödeme, Schwellungen	Feuchtigkeit im Körper

Schlaf

Symptom	Syndrom
Einschlafprobleme	Blut-Mangel, Herz-Hitze
Durchschlafprobleme	Yin-Mangel
lebhafte Träume, Albträume	Blut-Mangel
sehr frühes Aufwachen	Yin-Mangel
schweres Aufstehen in der Früh	Qi-Mangel, Feuchtigkeit
ständige Müdigkeit	Qi-Mangel, oft kombiniert mit Blut-Mangel

Emotionen

Symptom	Syndrom
viele Ängste	Nieren-Schwäche
cholerisches Temperament	Hitze
Lethargie, Antriebslosigkeit	Yang-Mangel
ständiges Sorgenmachen, im Kreis denken	Milz-Qi-Mangel
viel Stress (Arbeit oder privat)	wirkt erhitzend und das Yin schwächend
innere Unruhe, Nervosität	Blut-Mangel, Yin-Mangel

Kopfweh

Symptom	Syndrom
dumpfes, leichtes Kopfweh	Milz-Qi-Mangel
starkes Kopfweh	Qi-Stagnation
Migräne	hochschießendes Leber-Yang

Immunsystem

Symptom	Syndrom
häufig krank	Lungen-Qi-Mangel
Neigung zu Halsweh	Magen-Hitze
ständig rinnende Nase	Feuchtigkeit
Allergien	Milz-Qi-Mangel, Lungen-Qi-Mangel, Lungen-Yin-Mangel

Hinweis zu den Organzuordnungen:

Diese habe ich der Vollständigkeit halber dazugeschrieben. Für die Ernährungsempfehlungen sind sie nicht wichtig. Denke bitte auch daran, dass die Organe nach TCM nicht den anatomischen Organen entsprechen. (vgl. Seite 8 bei Qi-Mangel)

Egal, ob Leber-Hitze oder Herz-Hitze, die Hitze muss man kühlen. Egal, ob Lungen-Qi-Mangel oder Milz-Qi-Mangel, das Qi muss man allgemein stärken. Organzuordnungen spielen eine Rolle bei der Verschreibung von TCM-Kräutern und bei Akupunktur, bei der Ernährung haben sie eine untergeordnete Bedeutung.

Zungendiagnose

Die gesunde Zunge ist nach TCM blassrot, leicht feucht und hat einen dünnen weißen Belag, der verwurzelt ist, also nicht abschabbar. Im hinteren Drittel der Zunge (steht für den Darm) darf der Belag dicker sein als vorne.

Sie hat die richtige Größe für den Mund (nicht zu dick oder zu dünn) und weist keine Risse oder Zahneindrücke an den Rändern auf.

Um herauszufinden, wie eine „normale" Zunge aussieht, braucht man etwas Übung und muss mehrere Zungen gesehen haben. Bitte sei dir bewusst, dass dieses Kapitel nur eine kleine Einführung bieten kann. Wenn du tiefer in das Thema eintauchen willst, empfehle ich dir das Buch „Zungendiagnose in der chinesischen Medizin" von Macioca (mit Fotos). Einen guten Überblick bietet auch Weidinger 2015.

Tipps für eine korrekte Durchführung der Zungendiagnose

Die Zunge soll langsam und entspannt herausgestreckt werden. Eine zu starke Anspannung beim Herausstrecken verändert die Form und erschwert die Diagnose. Kaffee, Schwarztee, Rotwein und Lutschbonbons können die Farbe verfälschen.

Die verschiedenen Bereiche der Zunge sind bestimmten Organen zugeordnet. Je nach dem Bereich, in dem Auffälligkeiten auftreten, kann man auf das betroffene Organ schließen. Du kannst dir die Zuordnung einfach merken: Die Zungenspitze steht für den oberen Rumpf (oberhalb des Zwerchfells), die Mitte für die Körpermitte und die Zungenwurzel für den unteren Teil des Oberkörpers (unterhalb des Nabels).

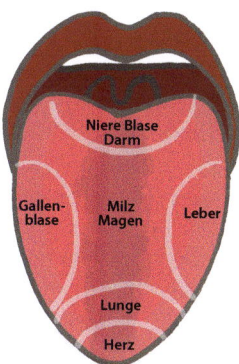

Die Organzuordnungen auf der Zunge: Die Mitte der Zunge entspricht dem Magen und der Milz, die Ränder der Leber/Gallenblase, die Zungenspitze entspricht dem Herzen, der Teil zwischen Spitze und Mitte wird der Lunge zugeordnet. Der hintere Teil der Zunge entspricht Niere, Blase und Darm.

Farbe, Form, Belag

Zeichen	Bedeutung
rote, belaglose Zunge	Hitze, Yin-Mangel
geschwollene Zunge (zu groß für den Mund) mit seitlichen Zahneindrücken	Feuchtigkeit, Milz-Qi-Mangel
dicker, gelber Belag	Feuchte Hitze
dicker, weißer Belag	Feuchtigkeit, Kälte
sehr nasse Zunge oder Schleimspuren	Feuchtigkeit, Schleim
roter, belagloser Fleck oder ein Längsriss in der Mitte (Magen-Gegend)	Magen-Yin-Mangel, Magen-Hitze
kraftlose, „schlappe" Zunge	Qi-Mangel, Yang-Mangel, Säftemangel
auffällig kleine Zunge	Blut-Mangel, Yin-Mangel
seitliche Zahneindrücke in einer normal großen Zunge und seitliche Risse	Leber-Qi-Stagnation, Leber-Yin-Mangel
rote Ränder (eventuell geschwollen) bei ansonsten normaler Farbe	Leber-Qi-Stagnation, Leber-Hitze
schmerzhafte Bläschen (Aphten), erhabene rote Papillen	Hitze
rote Zungenspitze	Herz-Hitze
Risse	Yin-Mangel (je tiefer, desto stärker)

Risse, die schon seit der Kindheit bestehen, können auch normal sein und müssen nicht unbedingt ein Ungleichgewicht zeigen. Achte auch auf die Zahnstellung, die kann ebenfalls zu Einkerbungen führen, die dann keine spezielle Bedeutung haben.

Bedeutung der Zungendiagnose für deine Ernährung

Die wichtigsten Zungenzeichen, die du selbst erkennen kannst, sind die Farbe und der Belag. Auffällig ist eine besonders rote Zungenfarbe, die immer Hitze bedeutet. In welchem Zungenbereich, also Organ, diese auftritt, ist für deine Ernährung nicht wichtig. Achte einfach darauf, hitzige Gewürze und Getränke zu reduzieren und dich mit sanft kühlenden Speisen zu kühlen (vgl. thermische Wirkung, Seite 62). Der Belag kann extrem dick und schmierig sein, das ist immer ein Zeichen für Feuchtigkeit oder Schleim. Achte dann darauf, befeuchtende Nahrungsmittel zu meiden und viel Gekochtes zu essen, damit die Feuchtigkeit verdampfen kann (vgl. Seite 27). Gelber Belag spricht für Hitze, weißer Belag für Kälte. Wenn du gar keinen Belag siehst, spricht das für einen Yin-Mangel, also mangelnde Säfte, Blut und Substanz (vgl. Yin, Seite 18).
Verlasse dich bitte nicht auf die Zungendiagnose alleine, sondern sammle auch die anderen Zeichen für die Diagnose.

Pulsdiagnose

In diesem Kapitel bleibe ich an der Oberfläche, da die Pulsdiagnose eine Wissenschaft für sich ist. Es gibt die verschiedensten Qualitäten zu tasten, wie „rau", „schlüpfrig", „saitenförmig" oder „versteckt". Laut Weidinger 2015 gibt es 30 klassische Pulsbilder. Falls du dich für das Thema näher interessierst, empfehle ich dir sein Buch „Die chinesische Hausapotheke", dort beschreibt er die Pulsdiagnose sehr genau.

Meine Erfahrung ist, dass für die Pulsdiagnose noch mehr Übung notwendig ist als für die Zungendiagnose. Nach Jahren Praxis als Ernährungsberaterin nach TCM kann ich einige Anzeichen bei der Pulsdiagnose erkennen – aber bei weitem nicht alle. Deshalb würde ich mich nie ausschließlich darauf verlassen, so wie es alte chinesische TCM-ÄrztInnen angeblich können. Sie fühlen den Puls und wissen alles über deine Beschwerden.

Der wichtigste Unterschied zur westlichen Pulsmessung: Der Puls wird an **3 Stellen** gemessen, nicht nur an einer.

Pulsdiagnose nach TCM: Der Puls wird an 3 Stellen gemessen.

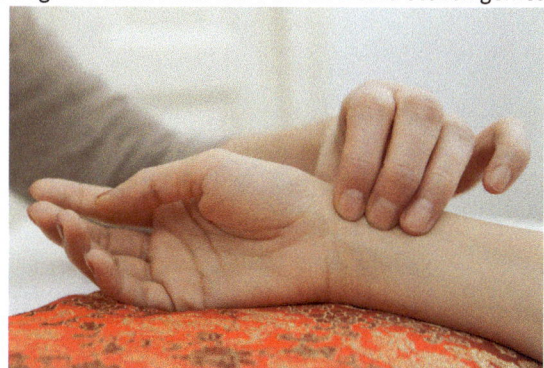

Kurze Anleitung zur Selbstmessung:

* Lege deine Hände ungefähr in Brusthöhe entspannt auf einen Tisch. Die Arme sollen beim Tasten nicht abgewinkelt oder angespannt sein
* Lege deinen rechten Zeigefinger auf deinen linken Puls, auf der Seite des Daumens, knapp an der Falte des Handgelenks.
* Lege dann den Mittelfinger mit wenigen Millimetern Abstand direkt daneben, und dann noch den Ringfinger dazu.

Ein gesunder Puls ist:

* kräftig, aber nicht angespannt bzw. pochend
* auf allen drei Positionen spürbar
* in drei Ebenen spürbar – bei leichtem Druck, bei mittlerem Druck und bei starkem Druck

Wenn der Puls nur bei leichtem Druck zu spüren ist, gilt er als „oberflächlich". Wenn der Puls nur bei starkem Druck zu spüren ist, gilt er als „tief".
Die rechte Hand entspricht dem Yang, die linke Hand dem Yin. Wenn dein Puls z.B. links um einiges schwächer zu fühlen ist als rechts, ist dein Yin stärker im Mangel als dein Yang. Das Yang ist möglicherweise überhaupt nicht im Mangel – dazu muss man sich immer die restlichen Symptome ansehen (vgl. Beobachten und Befragung, Seite 31).
Die regelmäßige Einnahme von Medikamenten kann die Pulsqualität verändern.

Jede Position ist einem Organ zugeordnet:

rechte Hand:

* Zeigefinger – Lunge
* Mittelfinger – Magen/Milz
* Ringfinger – Nieren-Yang

linke Hand:

* Zeigefinger – Herz
* Mittelfinger – Leber
* Ringfinger – Nieren-Yin

Häufig vorkommende Pulsdiagnosen (aus meiner Praxis)

Zeichen	Bedeutung
langsamer, tiefer Puls	Kälte, Yang-Mangel, Qi-Mangel
schneller, oberflächlicher Puls	Hitze, Yin-Mangel
leerer, schwacher Puls	Qi-Mangel, Blut-Mangel
pochender, angespannter Puls, speziell bei der Leber-Position	Qi-Stagnation
schlüpfriger Puls, als ob Perlen unter den Fingern wegrutschen	Feuchtigkeit
dritte Position rechts nicht spürbar	Nieren-Yang-Mangel
dritte Position links nicht spürbar	Nieren-Yin-Mangel

Diagnostik nach TCM - Quintessenz

Verlasse dich nie auf einen Hinweis alleine. Sammle Zeichen und setze damit das Gesamtbild zusammen. Achte für die passende Ernährung hauptsächlich auf Zeichen von Hitze und Kälte sowie Feuchtigkeit.
Das Qi muss fast immer gestärkt werden, da aufgrund unserer Lebensweise (Stress, sitzende Berufe, Fertigprodukte, viel kaltes Essen) so gut wie alle Menschen einen Qi-Mangel haben.

Entstehung von Krankheiten

Die TCM unterscheidet folgende Krankheitsursachen:

- **äußere Krankheitsursachen**: Wind, Hitze, Feuchtigkeit, Trockenheit und Kälte
- **innere Krankheitsursachen**: die 5 Emotionen: Zorn, Übererregbarkeit, Grübeln, Trauer, Angst
- **sonstige Krankheitsursachen**: Konstitution, Lebensführung, Ernährung, Unfälle, Parasiten

Jede Krankheit ist nach TCM ein Ungleichgewicht zwischen Yin und Yang und von Qi. Deswegen können wir mit der Ernährung so gut vorbeugen – wenn wir ausreichend Yin, Yang und Qi haben und das Qi auch noch frei fließt, bleiben wir eher gesund.

Das ist auch der Grund, warum nicht jede/r auf äußere Einflüsse gleich reagiert. Bei einer Grippewelle gibt es immer Menschen, die sich nicht anstecken. Diese haben laut TCM wahrscheinlich mehr Qi und ihr Yin und Yang ist mehr im Gleichgewicht als bei anderen.

Das kennst du sicher von dir selbst: Wenn du gerade beruflich oder familiär sehr gefordert bist und zu wenig auf dich achtest (z.b. Schlafmangel führt zu Yin-Mangel, nährstoffarmes Essen führt zu Qi- und Blut-Mangel), wirst du auch leichter krank.

Äußere Krankheitsursachen: klimatische Einflüsse

Wind, Hitze, Feuchtigkeit, Trockenheit und Kälte

Hast du dich schon mal „durch den Wind" gefühlt? Oder längere Zeit in sehr feuchtem Klima verbracht oder in trockener Klimaanlagen- und Heizungsluft? Dann kennst du die Auswirkung von klimatischen Einflüssen auf den Körper - sie können richtig krank machen.

Typische Beschwerden je nach Ursache

Wind	wechselhafte Beschwerden (z.B. Muskelzittern, wandernde Schmerzen, Juckreiz an verschiedenen Stellen), Windempfindlichkeit
Hitze	Rötung (Ausschläge), schneller Puls, Hitzegefühl, Fieber, Unruhe, schneller Beginn einer Krankheit
Feuchtigkeit	Schwellungen, Schleim, benebeltes Gefühl
Trockenheit	trockene Haut und Schleimhäute, Durst, Husten, Heiserkeit
Kälte	Krämpfe, Schmerzen (Kälte zieht zusammen und führt zu schmerzhaften Blockaden), Blässe, Frieren, vermehrtes Harnlassen, langsamer Beginn einer Krankheit

Wind ist oft das „Pferd", auf dem die Kälte oder die Hitze in den Körper geritten kommt. Er verschlimmert alle anderen klimatischen Faktoren.

Beispiele:

- Eine **ErKÄLTung** ist nach TCM „Wind-Kälte", die in den Körper eingedrungen ist. Wenn ein kalter Wind weht, spüren wir die Kälte viel stärker als bei Windstille. Dagegen schützt du dich, indem du dich von außen warm hältst und dich vor kaltem Wind beschützt (vor allem am Nacken, wo sich die sogenannten „Wind-Punkte" befinden).
- Krankheiten, die mit **hohem Fieber beginnen**, gelten als „Wind-Hitze". Dazu zählen die viralen und bakteriellen Infekte. Hier werden TCM-Kräuter zur Behandlung empfohlen, die die Hitze effektiv kühlen können. Westlich gesehen wirken diese Kräuter antibakteriell und antiviral.

Zuordnung der äußeren Einflüsse zu den Jahreszeiten und Organen

Einflüsse	Jahreszeiten	Organe
Wind	Frühling	Leber
Hitze	Sommer	Herz
Feuchtigkeit	Spätsommer	Milz
Trockenheit	Herbst	Lunge
Kälte	Winter	Niere

Krankheiten vorbeugen

Das entsprechende Organ leidet besonders unter dem jeweiligen klimatischen Einfluss. Schütze also deine **Lunge** im Herbst vor trockenem Raumklima (z.B. mit einem Luftbefeuchter), deine **Nieren** im Winter vor zu viel äußerer Kälte, deine **Leber** vor zu viel Wind im Frühling (Halstuch oder Schal nehmen), dein **Herz** im Sommer vor zu viel Hitze (Sonneneinstrahlung) und deine **Milz** im Spätsommer vor zu viel Feuchtigkeit (z.B. feuchte Badekleidung anlassen). So kannst du versuchen, Krankheiten je nach Jahreszeit vorzubeugen.

Bei welchem Wetter fühlst du dich gar nicht wohl?

Achte darauf, bei welchem Wetter deine Beschwerden schlechter werden bzw. in welcher Jahreszeit du meistens krank wirst. Hältst du z.B. die Sommerhitze nicht aus? Dann ist das ein Zeichen, dass du zu viel innere Hitze in dir hast, die durch die äußere Hitze verstärkt wird. Versuche, diese Hitze zu reduzieren: vermeide erhitzende Getränke und Nahrungsmittel, wie Alkohol, Kaffee, gegrilltes und frittiertes Fleisch und kühle dich mit Gemüsesuppen, Kompotten und im Sommer auch mit mehr Rohkost.

Bei Kälteabneigung gilt: Warm halten, von außen und von innen! Meide Rohkost, Jogurt und kalte Getränke, vor allem im Winter. Aber auch im Sommer solltest du vorwiegend gekocht essen, der Körper merkt sich das nämlich bis in den Winter.

Wenn du feuchtes Wetter nicht ausstehen kannst und dich dabei schlecht fühlst, vermeide Sauna- oder Dampfbadgänge und befeuchtendes Essen wie Kuhmilch, Zucker und zu viel Rohkost.

Bei trockenem Raumklima iss viele saftige Speisen (z.B. Kompott, Suppen, Eintöpfe), bei feuchtem Wetter lass Jogurt, Südfrüchte und Kuhmilch links liegen und iss viel gekochtes Getreide mit Wurzelgemüse und Hülsenfrüchten.

So kannst du deine innere Abwehr (dein Abwehr-Qi oder Wei-Qi) und dein Yin-Yang-Gleichgewicht stärken und wirst seltener krank.

Ernähre dich den Jahreszeiten entsprechend

Iss vorwiegend saisonale Gemüse- und Obstsorten. Diese kühlen und wärmen dich entsprechend unserem Klima. Beispiel: Tomaten und Gurke nur in der warmen Jahreszeit essen - Wintergemüse wie Kohl, Karotten und Kraut wärmt dich im Winter. So schützt du dich von innen gegen die äußere Hitze/Kälte.

Innere Krankheitsursachen: die 5 Emotionen

Ich finde es faszinierend, dass die chinesische Medizin schon vor Tausenden Jahren gewusst hat, dass unsere Gefühle uns krank machen können. Machen alle Gefühle krank? Nein. Gefühle machen nur krank, wenn sie sehr **heftig und lange andauernd** sind.

Zorn, Übererregbarkeit, Grübeln, Trauer, Angst

Zuordnung der 5 Emotionen zu den Organen

Zorn, Ärger	Leber
Übererregbarkeit, Begierde, übermäßige Freude	Herz
Grübeln, Sorgen machen, im Kreis denken	Milz
Trauer, Kummer	Lunge
Angst, Schock	Nieren

Wenn du also jemand bist, der viele Ängste hat, dann kann das laut TCM auf Dauer deine Nieren schädigen. Umgekehrt können Nierenkrankheiten auch dazu führen, dass du Ängste entwickelst. Cholerische, ärgerliche, reizbare Menschen sollten auf ihre Leber aufpassen. Und unbewältigte Trauer schlägt sich auf die Lunge. Die Trauer „verschlägt" einem den Atem". Die Verdauung (Milz) leidet unter ständigem Grübeln und das Herz unter häufiger Übererregung, auch wenn diese sich positiv anfühlt.

Wirkung der 5 Emotionen auf unseren Körper

- **Zorn** erhitzt und treibt das Qi nach oben.
- **Übererregbarkeit** erhitzt und zerstreut das Qi in alle Richtungen.
- **Grübeln** verknotet das Qi und führt zu Stauungen und Feuchtigkeit.
- **Trauer** schwächt das Qi und zieht es nach innen und unten.
- **Angst** senkt das Qi ab („vor Angst in die Hose machen").

Was kannst du tun, um zu verhindern, dass deine Gefühle dich krank machen?

Gehe in dich und schau ehrlich hin: bei welchen Emotionen erkennst du dich wieder? Dann versuche, diese wieder in ein gesundes Maß zu bringen. Dabei können dir helfen:

- Meditation, Achtsamkeit
- Yoga, Qi Gong
- Psychotherapie
- Tagebuch schreiben
- lernen, Altes loszulassen
- regelmäßiger Rhythmus von Erholung und Arbeit
- ausreichender und regelmäßiger Schlaf
- Ausgleich von Anspannung und Entspannung (Pausen machen)

Emotionen und Lebensführung – 2 Top-Tipps

Die zwei Tipps aus der Liste, die für die meisten Menschen am einfachsten umzusetzen sind, können wahre Wunder wirken:

1. Ausreichender und regelmäßiger Schlaf:
Gehe früher schlafen und achte auf einen regelmäßigen Schlafrhythmus.

2. Ausgleich von Anspannung und Entspannung (Pausen machen):
Arbeite nicht durch, sondern mache regelmäßig Pausen. Einige Minuten schlafen oder aus dem Fenster schauen, eine Runde an der frischen Luft drehen oder einfach auf dem Stuhl sitzen und vor sich hin schauen wirkt entspannend und holt dich von der ständigen Anspannung des Machens und Tuns herunter.

Nach TCM fördern Schlafen und Pausen vor allem das Yin und das Blut. Sie kühlen und beruhigen dein System. Einfach, aber sehr effektiv!

Ernährungstipps für den Umgang mit Emotionen

- Erhitzende Gewohnheiten wie scharfes Essen, Alkohol und viel Fleisch verstärken die hitzigen Emotionen Zorn, Ärger und Übererregbarkeit.

- Befeuchtende Gewohnheiten wie viel Zucker, Kuhmilch und häufig zu üppig zu essen verstärken die Grübeltendenz und schwächen das Lungen-Qi, können also eine traurige Stimmung verschlechtern.

- Bei Ängsten heißt es, das Qi und die Nieren allgemein zu stärken, durch regelmäßiges, ausgewogenes und nährstoffreiches Essen und ausreichend Schlaf und Bewegung. Verzichte lieber auf Diäten und Fastenkuren.

Sonstige Krankheitsursachen: Konstitution, Lebensführung, Ernährung, Unfälle, Parasiten

Die dritte Kategorie von Krankheitsursachen sind Ursachen, die weder von außen noch von innen kommen.

Konstitution

In der TCM heißt diese „Jing" und ist mit den Genen vergleichbar. Das Jing kannst du dir als wertvolle Essenz vorstellen, die über deine persönliche körperliche Reifung und Entwicklung mitbestimmt. Manche bekommen von ihren Eltern sehr viel davon mit, manche weniger. Je nachdem haben wir auch verschiedene Schwachstellen, sei es die Haut, die Zähne oder die Lunge.

Das Schöne ist: Mit der richtigen Lebensführung kannst du auch mit wenig Jing (einer eher schwachen Konstitution) gesund und fit alt werden und Krankheiten vermeiden.

Es sind eben nicht immer „die Gene" schuld. Wenn du dein Qi stärkst und Raubbau vermeidest, kannst du auch bei ungünstigerer Konstitution 100 Jahre alt werden.

Nahrungsmittel, die dein Jing stärken

Amaranth	Linsen
Austern (gute Qualität)	Maroni
Blütenpollen	Maulbeerfrüchte
Hirse	schwarze Sojabohnen (Achtung, schwer verdaubar)
Kichererbsen	schwarzer Sesam und Sesamöl (nicht geröstet)
Kirsche	Walnuss

Bitte bewerte die Wirkung dieser Nahrungsmittel nicht zu hoch, sie sind kein „Superfood", das einen insgesamt ungünstigen Lebensstil wieder wettmachen kann. Betrachte sie lieber als eine gute Ergänzung zu einem gesunden Lebensstil.

Lebensführung

Dass zu viel Stress krank machen kann, wissen wir alle, oder?

Neben **Überarbeitung**, zu wenig Schlaf und übermäßiger körperlicher Anstrengung über einen längeren Zeitraum kann nach TCM auch zu viel Sex krank machen. Warum? Weil dabei zu viel Qi und Blut verbraucht wird und der Körper nicht mit der Neu-Produktion nachkommt.

Wenn wir hingegen **dauerhaft unterfordert** sind und uns nicht bewegen (geistig und körperlich), kann das auch zu Krankheiten führen. Qi und Blut bleiben dann stehen und es kommt zu Stagnationen, Feuchtigkeit und Hitze im Körper.

Wenn du also mit deiner Lebensführung vorbeugen willst, sorge für **Ausgleich in allen Bereichen**.

ENTSTEHUNG VON KRANKHEITEN

Ernährung

Kurz zusammengefasst macht alles „zu viel" nach TCM auf Dauer krank:

- zu viel von der Menge her
- zu viel von einem Geschmack (z.b. süß oder scharf)
- zu viel von kaltem Essen (Rohkost, Jogurt, kalte Getränke)
- zu viel Fettiges und Üppiges
- zu viel befeuchtendes Essen (Kuhmilch, Zucker, Weißmehl)
- zu viel tierisches Eiweiß

Gleichzeitig kann aber auch „zu wenig" krank machen, besonders das Auslassen von Mahlzeiten und ständig Diäten zu machen.

Um in der Ernährung Krankheiten vorzubeugen, möchte ich dir noch eine schöne Regel mitgeben:

„Betreibe alles mit Maß, auch die Mäßigung selbst!"

(Herkunft unbekannt)

Unfälle und Parasiten

Unfälle können durch den Blutverlust zu Blutmangel führen oder durch die traumatische Erfahrung unsere Nieren schwächen. Bestimmte Dinge im Leben passieren einfach und dann müssen wir das Beste daraus machen.

Parasiten spielen heutzutage zum Glück kaum noch eine Rolle.

TCM Praxis   45

Die 5 Elemente

Die Theorie der 5 Element und ihre Zuordnungen sind ein Teilbereich der Traditionellen Chinesischen Medizin, so wie die Yin-Yang-Theorie einer ist. In der Praxis gehen diese Teilbereiche ineinander über und man nimmt sich aus jedem das heraus, was für nützlich und umsetzbar erachtet wird.

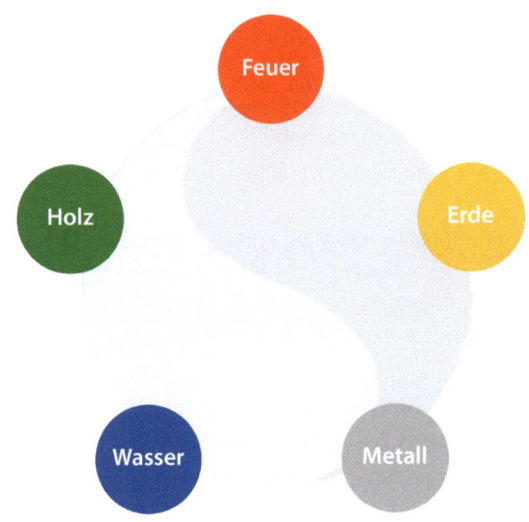

Die 5 Elemente und ihre wichtigsten Zuordnungen

Element	Holz	Feuer	Erde	Metall	Wasser
Farbe	grün	rot	gelb/orange/ braun	weiß	dunkel/ schwarz
Geschmack	sauer	bitter	süß	scharf	salzig
Organ	Leber/ Gallenblase	Herz/ Dünndarm	Milz/ Magen	Lunge/ Dickdarm	Niere/ Blase
Emotion	Wut/ Zorn	Freude/Gier/ Übererregung	Grübeln/ Sorgen	Kummer/ Traurigkeit	Angst/ Trauma
Jahreszeit	Frühling	Sommer	Spätsommer	Herbst	Winter

Es gibt noch viele weitere Zuordnungen, wie ein bestimmter Geruch, ein Ton oder eine Lebenszeit (Kindheit usw.). Diese sind aber in der Praxis nicht wichtig und ich lasse sie deshalb weg. Einen umfassenden Überblick zu allen Zuordnungen gibt z.b. Bengt Jacoby in „Gesünder leben mit den fünf Elementen", S. 36-37.

Die praktische Nutzung dieser Zuordnungen für deine passende Ernährung

• Nahrungsmittel in der jeweiligen Farbe stützen das entsprechende Organpaar (z.b. grüne Nahrungsmittel die Leber/Gallenblase)

• Nahrungsmittel des jeweiligen Geschmacks stützen ebenfalls das entsprechende Organpaar, aber Achtung: Das gilt nur, wenn du dabei nicht übertreibst. Beispiel: wenig sauer stärkt die Leber/Gallenblase, zu viel sauer schwächt sie. Also etwas Zitrone im Wasser oder zum Würzen einer Mahlzeit ist günstig, 2 Gläser Orangensaft am Tag schaden hingegen auf Dauer wahrscheinlich deiner Leber/Gallenblase.

• Unterstütze deinen Körper der Jahreszeit entsprechend, indem du dann mehr Nahrungsmittel der jeweiligen Farbe und des Geschmacks isst. Beispiel: Mehr weiße Nahrungsmittel wie Reis und Kohlrabi und etwas mehr scharfe Gewürze im Herbst unterstützen deine Lunge.

Warum widersprechen sich die 5-Elemente-Tabellen teilweise?
Die Zuordnung der Nahrungsmittel zu den einzelnen Elementen ist nicht eindeutig. Lass dich bitte nicht verwirren, wenn du in verschiedenen Quellen und Tabellen unterschiedliche Zuordnungen findest.
Die Gründe dafür sind:
Nahrungsmittel haben oft mehrere Geschmäcker (z.b. Grapefruit sauer und bitter), sind dann nach der Farbe wiederum einem anderen Element zugeordnet und haben noch spezielle Wirkungen, die weder mit Farbe noch Geschmack etwas zu tun haben (z.b. Petersilie stärkt die Nieren (Wasser-Element), obwohl sie sonst dem Holz-Element zugeordnet ist).
Teilweise gibt es auch Übersetzungsfehler bzw. Übertragungsfehler aus den traditionellen Quellen.
Die Zuordnung der Nahrungsmittel zu den Elementen ist nicht dogmatisch zu sehen, sondern nur ein Hilfsmittel. Versuche, sie nicht zu streng zu sehen und dir das herauszunehmen, was dir im Alltag nützt.
Praxis-Tipp für die Zuordnung:
Achte auf den Geschmack, den du wahrnimmst, und nimm die Farbe als zweiten Hinweis auf das jeweilige Element. So kommst du selbst zu einer ersten Einteilung, die meistens zutreffen sollte.

Von der therapeutischen Wirkung her halte ich die thermische Wirkung für wichtiger als Geschmack und Farbe, also ob dich ein Nahrungsmittel wärmt oder kühlt (vgl. Seite 62). Am unwichtigsten und in der Praxis am wenigsten anwendbar ist meiner Ansicht nach die Zuordnung der Nahrungsmittel zu den Elementen.

Fütterungszyklus der 5 Elemente

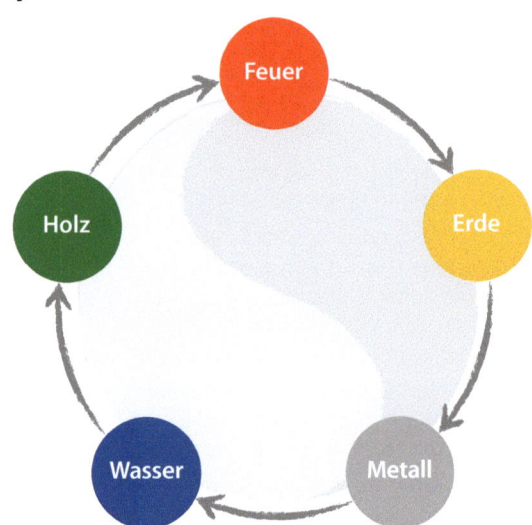

Fütterungszyklus oder Mutter-Kind-Zyklus:
Holz erzeugt Feuer, Feuer bringt Erde hervor (Asche),
Erde bringt Metall hervor (Abbau von Bodenschätzen),
Metall kondensiert zu Wasser, Wasser nährt das Holz (die Pflanzen)

Im Kreis der 5 Elemente sind alle untereinander verbunden und beeinflussen sich gegenseitig. Wenn eine Störung in einem Element/Organ auftritt, wirkt sich das laut dem Fütterungs-Zyklus (auch Mutter-Kind-Zyklus genannt) schnell auf das folgende Organ aus.

Holz (Leber/Gallenblase) ist also die Mutter des Feuers (Herz/Dünndarm). Feuer die Mutter der Erde (Milz/Magen) und so weiter.

Beispiele für die Anwendung des Fütterungszyklus in der Ernährung:

- saure Beeren (Holz-Element) zur Stärkung des Herz-Bluts (Feuer), z.B. bei Einschlafproblemen, Schreckhaftigkeit und starkem Herzklopfen mit Aussetzern

- bittere Kräuter und Gewürze wie Basilikum, Thymian, Kurkuma (Feuer) zur Unterstützung des Milz-Qi, also der Verdauung (Erde), z.B. bei breiigem Stuhl/Durchfallneigung

- süße Kompotte, Honig und Mandeln (Erde) zum Nähren des Lungen-Yin (Metall). Sie wirken bei einer trockenen Lunge (Yin-Mangel) angenehm befeuchtend, z.B. bei Reizhusten, Heiserkeit

- scharfe Gewürze (Metall) zur Stärkung des Nieren-Yang (Nieren-Feuer, Wasser), z.B. bei Lethargie, innerer Kälte und mangelnder Libido

- salzige Nahrungsmittel wie Bohnen, Oliven und Algen (Wasser) zur Stärkung des Leber-Yin (Holz), z.B. bei Bindehautentzündungen, trockenen Augen und Reizbarkeit

Beispiel für die Auswirkung einer schwachen „Mutter" auf ihr „Kind":

Zu viel Feuchtigkeit durch eine schwache, überforderte Erde (z.B. durch zu viel Kuhmilch und Zucker) schwächt ihr Kind, nämlich das Metall (also die Lunge). Folge: Schnupfen, verschleimter Husten, Infektanfälligkeit.

Eine starke Mutter hat ein starkes Kind.

Du kannst also deine energetischen Schwachstellen dadurch verbessern, dass du dich um das Mutterelement kümmerst, wie oben beschrieben.

Achtung: Auch hier ist das Maß wichtig - wenn du z.B. deine Kälte (Nieren-Yang-Mangel, Wasser) mit scharfen Gewürzen (Metall) vertreiben willst, nimm diese nur in kleinen Mengen. Zu viel von einem Geschmack kann die gegenteilige Wirkung haben bzw. Schaden anrichten. (In dem Fall das Nieren-Yin schädigen.)

Kontrollzyklus der 5 Elemente

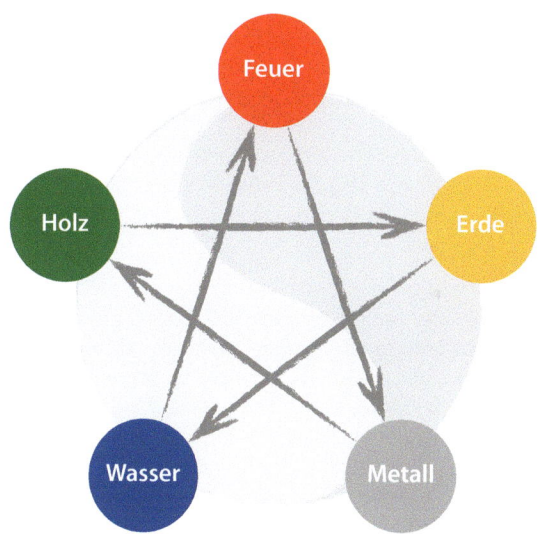

Kontrollzyklus oder Großmutter-Enkel-Zyklus:
Holz kontrolliert Erde (die Wurzeln befestigen die Erde),
Feuer kontrolliert Metall (das Feuer schmilzt Metall),
Erde kontrolliert Wasser (z.B. ein Damm),
Metall kontrolliert Holz (die Axt schlägt das Holz),
Wasser kontrolliert Feuer (Wasser löscht Feuer)

Jedes Element kontrolliert also das übernächste Element im Zyklus, damit kein Element außer Rand und Band gerät. So werden im Idealfall Krankheiten verhindert.

Wenn der Enkel Feuer (mit dem Organ Herz) zum Beispiel zu stark lodert, kommt die Großmutter Wasser (Nieren) und bändigt es. So kann ein Herz-Feuer (Schlafstörungen, Erregungszustände, Zungenbläschen) durch das Nieren-Yin gekühlt werden.

Du kannst die Ernährung verwenden, um bei Problemen eines Elements die Großmutter zu stärken. Beim Beispiel des Herz-Feuers könnte man Nahrungsmittel essen, die das Nieren-Yin stärken, wie Hülsenfrüchte, Hirse, Fisch, Algen und schwarzen Sesam.

Regel im Kontrollzyklus: **Yin kontrolliert Yang, Yang kontrolliert Yin.** Die kühlende Substanz (Yin) hält ein überschießendes Yang (Feuer) unter Kontrolle und das wärmende Yang trocknet übermäßiges Yin.

Wie du die 5-Elemente-Lehre bei Beschwerden praktisch nutzen kannst, am Beispiel Sodbrennen (Magen-Hitze, ein Yang-Symptom)

Stärke direkt das Element, das geschwächt ist. Der Magen (Sodbrennen) gehört zur Erde. Unterstütze also deine Erde mit gelben/orangen Nahrungsmittel und (natur)süßem Geschmack.

Stärke die Mutter (Fütterungszyklus), damit sie ihr Kind wieder besser versorgen kann. Das Feuer ist die Mutter der Erde. Stütze also dein Herz mit roten Nahrungsmitteln und herzfreundlichem Lebensstil (Zeitdruck vermeiden, ausreichend schlafen).

Stärke die Großmutter (Kontrollzyklus), damit sie ihren Enkel bändigen kann. Das Holz kontrolliert die Erde. Stütze also das Leber-Yin (Yin kontrolliert Yang) mit mehr grünen Nahrungsmitteln und Stressreduktion, Vermeidung von Alkohol, zu fettigem Essen und zu viel Zucker.

Du merkst schon, dass es hier recht komplex wird. Bitte behalte im Auge, dass die Zyklen der 5 Elemente nicht eins zu eins in der Ernährung angewendet werden können. Nimm sie als Anhaltspunkt, aber verstehe sie nicht zu dogmatisch. Es gibt Fälle, wo es haargenau passt und gute Erklärungen für Symptome etc. liefert, und es gibt Fälle, in denen sich die 5-Elemente-Zyklen nicht anwenden lassen.

Typische Beispiele für die Anwendung des Kontrollzyklus in der Ernährung:

- Scharf-kühlende Nahrungsmittel wie Rettich, Radieschen, Kohlrabi und Kresse (Metall-Element, Yin) beruhigen eine zu heiße Leber (Holz, Yang). Symptome eines überschießenden Leber-Yang sind z.B. Migräne, rote Augen, cholerisches Temperament, Bluthochdruck.

- Die scharf-kühlenden Nahrungsmittel helfen auch, den Qi-Fluss anzuregen, für den die Leber verantwortlich ist. Bei Spannungsgefühlen, Frustration, PMS und Druckgefühl in den Rippen sind sie sehr günstig.

- Salzig-kühlende Nahrungsmittel wie Algen, Miso, Fisch und Hülsenfrüchte (Wasser-Element, Yin) helfen, ein zu heißes Herz (Feuer-Element, Yang) zu kühlen. Symptome: Einschlafprobleme, sehr schnelles Sprechen, innere Unruhe.

Wenn die Kontrolle nicht funktioniert, können sich die Richtungen umdrehen:

- Überkontrolle („Schmähung", das kontrollierende Element wird zu stark)
- „Demütigung" (der „Enkel" greift die „Großeltern" an)

Beispiele für Überkontrolle und „Demütigung":

- Holz schmäht die Erde (Leber greift Milz/Magen an)
  - Bei Migräne oder Menstruationsbeschwerden (beide von einer Leber-Qi-Stagnation verursacht bzw. hochschießendem Leber-Yang (vgl. Seite 22)) können starke Übelkeit bis zu Erbrechen auftreten.
  - Sauer-kalte Nahrungsmittel wie Jogurt und Orangen (Holz-Element, Yin) im Übermaß können auf Dauer das Yang der Erde (Milz/Magen) schwächen. Es entsteht Kälte in der Verdauung mit Durchfallneigung und Gewichtszunahme. Deshalb empfiehlt die TCM, zum Abnehmen auf sauer-kalte Nahrungsmittel und Getränke zu verzichten.
- Holz demütigt das Metall (Leber greift Lunge an)
  - Hier ist die Lunge zu schwach, die Leber zu kontrollieren. So entwickeln sich Symptome, die sowohl Lunge als auch Leber betreffen: Husten, Reizbarkeit, Spannungsgefühle im Körper.
- Feuer schmäht Metall (Herz greift die Lunge an)
  - Zu viele bitter-wärmende Getränke wie Kaffee und Rotwein (Feuer, Yang) trocknen das Lungen-Yin (Metall) aus. Folgen: trockene Haut (die Haut ist den Lungen zugeordnet), Verstopfung (das Partnerorgan der Lunge ist der Dickdarm). Das bitter-erhitzende Rauchen verstärkt diesen Effekt. Entgegenwirken kannst du über die Stärkung der Mutter der Lungen, also der Erde. Süß-saftige Speisen wie Kompott, Getreidebreie und Karottensuppe befeuchten die Lunge und damit die Haut von innen.

Falls dich das Thema der Zyklen näher interessiert, empfehle ich dir „Das große Buch der chinesischen Medizin" von Ted Kaptchuk (S. 390ff.).

Wie wichtig sind die 5-Elemente-Zyklen in der täglichen Ernährung?

Mein Tipp: Betrachte die 5-Elemente-Zyklen mehr als Spielerei bzw. als Herausforderung, das nächste Level an TCM-Wissen zu erobern. Wenn sie dir zu kompliziert sind, ist das kein Problem – du kannst dich auch ohne dieses Wissen sehr gut nach TCM ernähren.

Wichtiger für deinen Alltag mit der TCM-Ernährung sind meiner Meinung nach:
- die thermische Wirkung der Nahrung (kühlend, wärmend...) (s. Seite 62)
- die Stärkung von Verdauung, Blut, Qi, Säften, Yin und Yang (s. Seite 7ff.)
- das Erkennen von Feuchtigkeit und wie du sie reduzierst (Seite 27)

Eigenschaften der Nahrungsmittel: Geschmack und thermische Wirkung

In der TCM werden die Nahrungsmittel nicht nach ihrem Vitamingehalt eingeteilt oder danach, wie viele Kohlenhydrate und Eiweiß sie liefern. Die Inhaltsstoffe der Nahrung spielen in der TCM keine Rolle, ebenso wenig wie Kalorien.

Die Einteilung und Auswahl der Nahrungsmittel erfolgt nach folgenden Kriterien:

* Farbe (vgl. 5 Elemente, Seite 46)
* Geschmack
* thermische Wirkung

Im folgenden Kapitel erfährst du, wie genau die 5 Geschmäcker sauer, bitter, süß, scharf und salzig wirken und bei welchen Symptomen sie günstig bzw. ungünstig für dich sind. Danach lernst du die thermische Wirkung der Nahrung kennen und erfährst, wie du sie in deiner täglichen Ernährung einfach berücksichtigen kannst. Und damit viel für deine Gesundheit tust.

Der Geschmack

In einer gesunden Ernährung nach TCM kommen alle 5 Geschmäcker vor. So werden alle Organe gestärkt und der Körper bleibt im Gleichgewicht. Eine Überbetonung eines Geschmacks führt auf Dauer mit großer Wahrscheinlichkeit zu Beschwerden.

Der saure Geschmack

„Sauer macht lustig!"

Den Spruch kennst du bestimmt. Nach TCM stimmt das sogar, da der saure Geschmack die Leber entspannt. Und die Leber ist für Ärger, Zorn und Frust zuständig.

Ein kleiner Tomatensaft, ein Früchtetee oder ein paar Sprossen übers Essen können bei Ärger beruhigend wirken.

Sauer
Sauer in Maßen stärkt die Leber, zu viel sauer schwächt die Leber.

Was ist zu viel? Zum Beispiel jeden Tag ein Jogurt zum Frühstück mit einem Orangensaft oder ein in Essig ertränkter Salat.

Die meisten sauren Nahrungsmittel sind kalt bis kühlend.

Sauer und kalt/kühlend (Beispiele)

Buttermilch	Kiwi	Tomaten
Hagebuttentee	Preiselbeere	Weißwein
Himbeere	Sauerkraut	Weizenbier
Jogurt	Sauerrahm	Zitrone, Orange

Sauer und wärmend (Beispiele)

Dille	Korianderkraut
Essig	Petersilie

So wirkt sauer:

- zusammenziehend (adstringierend)
- Säfte und die Substanz bewahrend (gut fürs Yin)
- leitet nach unten

Therapeutische Anwendung des sauren Geschmacks

Sauer ist günstig bei:	Sauer ist ungünstig bei:
starkem Schwitzen im Sommer oder beim Sport	Anfangsstadium von Erkältungen (zieht den Krankheitserreger nach innen)
häufigem Aufenthalt in trockenem Raumklima (Computer, Klimaanlage)	Schleim- oder Feuchtigkeitssymptomen (z.B. Übergewicht, Ödeme)
innerer Unruhe, zerstreutem Geist	Durchblutungsstörungen (z.B. Krampfadern, Hämorrhoiden, Angina Pectoris)

Magst du gerne viel Essig im Salat? Ein starkes Verlangen nach sauren Nahrungsmitteln kann ein Zeichen sein, dass deine Leber im Ungleichgewicht ist, ebenso wie ein säuerlicher Geschmack im Mund.

Der bittere Geschmack

Interessant, dass unsere Sprache das Wort „bitter" negativ besetzt, es bedeutet ja meist nichts Gutes, wenn wir es in der Alltagssprache verwenden. Dabei ist bitter sehr gesund, vor allem in Form der bitteren Kräuter und Gemüsearten. Beliebter sind allerdings die bitteren Getränke wie Kaffee und Bier. Also jetzt zur bitteren Wahrheit:

Bitter

Bitter in Maßen stärkt nach TCM dein Herz, deinen Kreislauf und deine Verdauung, zu viel bitter hingegen schwächt dich.

Du kennst sicher die anregende Wirkung von Kaffee (sowohl auf den Geist als auch auf die Verdauung). Zu viel Kaffee kann Herzrasen, innere Unruhe und trockene Verstopfung auslösen. Ähnliches gilt für Schwarztee, Grüntee, Nikotin und Kakaopulver.

Bitter und kühlend (Beispiele)

Artischocke	Grapefruit	Rucola
Aubergine (Melanzani)	Grüntee	Spargel
Bier	Kurkuma (nach einigen Quellen auch wärmend)	Stangensellerie
Chicoree	die meisten Kräutertees	heißes Wasser
Endivien	Löwenzahn	Zucchini

Bitter und neutral (Beispiele)

Schwarztee	Rotbuschtee

Bitter und wärmend (Beispiele)

Basilikum (frisch)	Kakaopulver	Rotwein
Getreidekaffee	Oregano	Thymian
Kaffee	Rosmarin	Zitronenschale

So wirkt bitter:

- trocknend
- verdauungsfördernd (kleiner Kaffee oder Magenbitter nach dem Essen)
- bitter-wärmend wirkt kurzfristig anregend
- bitter-kühlend beruhigt das Herz (z.b. bei Aufregung)
- bitter-kühlend kühlt Hitze (z.b. bei Fieber, Neurodermitis, Entzündungen)
- bitter leitet nach unten (z.b. Bittersalz)

Therapeutische Anwendung des bitteren Geschmacks

Bitter ist günstig bei:	Bitter ist ungünstig bei:
innerer Feuchtigkeit (z.B. Wasseransammlungen, verschleimter Rachen)	innerer Trockenheit (trockene Verstopfung, trockene Haut, trockene Augen)
feuchtem Klima oder Wetter	bitter-wärmend bei Schlafstörungen, innerer Unruhe und Magenproblemen
bitter-kühlend bei Feuchter Hitze (z.b. hoher Blutdruck, hohes Cholesterin, eitrige Akne, Abszesse, Gallensteine)	bitter-wärmend bei Durchblutungsstörungen, Osteoporose und Haarausfall
	bitter-kühlend bei Untergewicht und innerer Kälte (häufiges Frieren)

Bittere Kräuter versus bittere Getränke

Verwende regelmäßig bittere Kräuter und Gewürze in kleinen Mengen zu deinen Mahlzeiten. So kannst du die positive Wirkung des bitteren Geschmacks optimal nutzen ohne die Gefahr einer ungünstigen Nebenwirkung. Bittere Getränke wie Kaffee, grünen Tee und Rotwein genieße hingegen mit Bedacht, um die Entstehung von Trockenheit, Blutmangel und innerer Unruhe zu vermeiden.

Der süße Geschmack

Mit dem süßen Geschmack sind nicht Schokolade und Co. gemeint, sondern der natursüße Geschmack der meisten **Grundnahrungsmittel**.

Süße Nahrungsmittel (Beispiele)

Butter	Fleisch	Nüsse, Samen	Pilze
Gemüse (z.b. Wurzel- und Kohlgemüse)	Honig	Obers (Sahne)	Trockenfrüchte
Getreide (Reis, Hafer, Dinkel...)	Hülsenfrüchte	süßes Obst	Vanille
Ei	Kuhmilch	Öle	Zimt

Die thermische Wirkung der meisten natursüßen Nahrungsmittel ist neutral. Ausnahmen: Obst ist kühlend, Fleisch ist wärmend, Zimt ist erhitzend (vgl. thermische Wirkung, Seite 62).

Süß ist der **wichtigste der 5 Geschmäcke**r, da er uns nährt und alle Organe gleichmäßig versorgt. Die anderen Geschmäcker (sauer, bitter, scharf, salzig) helfen, die natursüßen Grundnahrungsmittel auch gut zu verdauen, und werden zur Behandlung von Ungleichgewichten eingesetzt (z.b. sauer bei übermäßigem Schwitzen).

Süß

Der (natur)süße Geschmack stärkt nach TCM Milz und Magen, die für die Verdauung zuständig sind. Er nährt uns. Im Übermaß gegessen schwächt süß die Verdauung (z.B. Verdauungsbeschwerden nach Cremetorte).

So wirkt (natur)süß:

- entspannend und harmonisierend
- nährend
- verteilt das Qi in alle Richtungen im Körper
- gibt Energie (baut Qi auf)
- mäßig befeuchtend (regt die Säfteproduktion an)

Weißer Zucker und Fett verstärken die befeuchtende Wirkung von jedem Essen. Schokolade, Torte und Schnitzel erzeugen deshalb besonders viel Feuchtigkeit und du solltest sie nur ab und zu essen.

Therapeutische Anwendung des süßen Geschmacks

Süß ist günstig bei:	Sehr süße Nahrungsmittel sind ungünstig bei:
innerer Anspannung und Stress	Feuchtigkeit, z.B. Ödemen, Cellulite, unreine Haut, häufiger Schnupfen
Trockenheit, z.B. trockener Husten, trockene Verstopfung (in Wasser eingelegte Dörrpflaumen)	Übergewicht
akuten Schmerzen (z.B. ein TL Honig)	Verdauungsproblemen wie Blähungen, breiiger Stuhl, Übelkeit

Ein Tipp für alle Naschkatzen

Zu viel Salz in der Nahrung erzeugt Süßhunger, und umgekehrt. Wenn du also zuckersüchtig bist, versuche einmal, weniger Salz zu verwenden.
Übermäßiger Süßhunger zeigt nach TCM, dass der Körper nicht optimal versorgt ist. Oft steht ein Milz-Qi-Mangel dahinter. Achte darauf, regelmäßig und nährstoffreich zu essen. Besonders das gekochte Frühstück kann helfen.

Der scharfe Geschmack

Hast du schon einmal nach einem scharfen Curry oder Chili zu schwitzen begonnen? Dann kennst du auch schon die Hauptwirkung des scharfen Geschmacks: er erwärmt. It's getting hot in here, so take off all your clothes! Das gilt auch im übertragenen Sinne, da scharfe Gewürze als Aphrodisiaka bekannt sind.

Scharf und wärmend/erhitzend (Beispiele)

Anis	Kümmel	Schnaps
Bärlauch	Lauch	Schnittlauch
Ingwer	Muskatnuss	Senf
Kardamom	Nelke	Yogitee
Knoblauch	Pfeffer	Zwiebel

Scharf und kühlend sind nur wenige Gemüsearten und Kräuter.

Scharf und kühlend (Beispiele)

Kohlrabi	Minze (auch als Tee)	Rettich
Kresse	Radieschen	Sprossen

Scharf

Kleine Mengen scharf stärken deine Lunge, besonders die kühlenden Varianten. Zu viele erhitzende scharfe Gewürze und Getränke schwächen deine Lungen, besonders dein Lungen-Yin (Achtung bei trockenem Husten, trockener Haut, rauer Stimme und Heiserkeit).

So wirkt scharf:

- dynamisierend und anregend
- durchblutungsfördernd
- bewegt das Qi nach außen
- zerstreut Kälte und Stagnation
- schweißtreibend
- scharfe Gewürze in Maßen fördern die Bekömmlichkeit (besonders bei fetten oder üppigen Gerichten)

Therapeutische Anwendung des scharfen Geschmacks

Scharf-erhitzend ist günstig bei:	Scharf-erhitzend ist ungünstig bei:
innerer Kälte (kalte Füße, leichtes Frieren – gut fürs Yang)	innerer Hitze (leicht schwitzen, Nachtschweiß, roter Kopf, heiße Füße)
schwacher Libido	Akne, Neurodermitis, Psoriasis, Furunkeln
Energiemangel und Lethargie	Trockenheit (Verstopfung, trockene Haut, trockene Augen)
frisch eingefangener Erkältung (Ingwertee, Zwiebeltee..., treibt den Krankheitserreger aus dem Körper aus)	Neigung zu Muskelkrämpfen und Problemen mit Bändern und Sehnen
niedrigem Blutdruck	Bluthochdruck
scharf-kühlend: bei Schmerzen durch Qi-Stagnation (z.B. Regelschmerzen, Kopfweh, Gefühl, dass „alles steht", Gereiztheit)	Einschlafproblemen, innerer Unruhe
	Schilddrüsenüberfunktion
	Cholerischem Temperament (Neigung zu Wutanfällen)

Der richtige Umgang mit scharfen Gewürzen

Scharfe, erhitzende Gewürze wie Chili, Zimt und Knoblauch sollten nach TCM nur ab und zu als Genussmittel verwendet werden. Hilfreich sind sie zum Beispiel bei innerer Kälte oder sehr kaltem Wetter.

Wenn du häufig scharf isst, besteht die Gefahr, dass innere Hitze entsteht und die Körpersäfte und das Blut austrocknen. (Mit der Beseitigung der pathogenen Feuchtigkeit hat das leider nichts zu tun.)

Scharfe, sanft wärmende und verdauungsanregende Gewürze wie Kardamom, Kümmel und getrocknete Kräuter kannst du hingegen regelmäßig verwenden, besonders günstig sind sie bei Verdauungsproblemen.

Der salzige Geschmack

Hast du schon einmal nach einer Salamipizza oder einer Packung Chips einen furchtbaren Durst bekommen? Das liegt daran, dass zu viel Salz den Körper austrocknet. Dann will man entweder einen halben Liter Wasser trinken oder bekommt Lust auf etwas Süßes (weil süß befeuchtet). Das ist übrigens auch der Grund, warum in den Bars so großzügig salzige Knabbereien gereicht werden, so trinken die Leute mehr (und Alkohol wirkt speziell befeuchtend).

Durch den **hohen Salzgehalt in Wurst, Käse, Brot, Pizza, Fast Food, Knabbereien und Industriekost** essen die meisten Menschen bereits zu viel Salz.

Natürlich salzig und kühlend (Beispiele)

Algen	Meeresfrüchte	Misopaste	Sojasauce
Fisch	Mineralwasser	Salz	kaltes Wasser

Ausnahme: Meeresfische sind wärmend. Süßwasserfische sind kühlend bis neutral.

Salzig

Salzig stärkt in kleinen Mengen deine Nieren, speziell das Nieren-Yin. Zu viel Salz schwächt sie hingegen. Beispiel: Zu viel Salz schwächt nach TCM die Knochen und kann zu Haarausfall führen, beides wird von den Nieren beherrscht.

So wirkt salzig nach TCM:

- abführend (z.B. Bittersalz zur Darmreinigung)
- schleimlösend
- aufweichend
- in kleinen Mengen befeuchtend, in großen Mengen trocknend
- leitet das Qi nach innen und nach unten

Therapeutische Anwendung des salzigen Geschmacks

Salzig ist günstig bei:	Salzig ist ungünstig bei (bezieht sich auf Industriekost wie Brot, Wurst, Käse, Fertigprodukte):
Verhärtungen und Knoten	Migräne
Muskelverhärtungen	dauerhaft gereizten, angespannten Nerven
Verstopfung	starkem Süßhunger
mangelndem Appetit	Bluthochdruck
in kleinen Mengen zur Entgiftung (speziell Miso und Algen)	Herz-Kreislauf-Problemen
	Osteoporose

Die therapeutische Verwendung bezieht sich nur auf die oben genannten, natürlich salzigen Nahrungsmittel – und auch nur dann, wenn wir die stark salzigen Industrie-Nahrungsmittel gleichzeitig einschränken.

Ist Salz ungesund?

Das Salz in der Suppe brauchst du dir nicht nehmen zu lassen. Dieser Geschmack gehört genauso zu einer gesunden Ernährung wie die anderen vier Geschmäcker. Bevorzuge unraffiniertes Salz, das ist wertvoller als das raffinierte Salz (auf der Packung muss „unraffiniert" stehen).

Aufpassen mit Salz solltest du vor allem dann, wenn du häufig Brot, Käse, Wurst und andere Industriekost isst. Und wenn du von übermäßigem Süßgusto und Alkoholgusto wegkommen willst.

Die thermische Wirkung der Nahrungsmittel

Hast du schon einmal ein scharfes Gulasch gegessen und dabei zu schwitzen begonnen? Oder ist dir schon mal nach einem Jogurt kalt geworden? Das ist die thermische Wirkung: Jedes Nahrungsmittel und jedes Getränk kühlt oder wärmt dich oder wirkt neutral.

Es gibt **5 thermische Wirkungen**, und alle 5 brauchen wir auch, um im energetischen Gleichgewicht zu bleiben und sowohl Yin und Blut als auch Yang und Qi zu nähren:

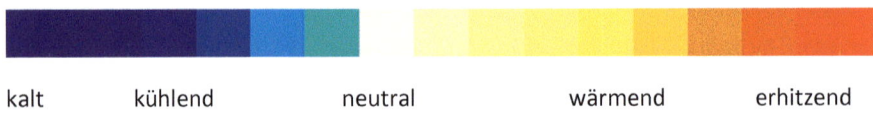

kalt   kühlend   neutral   wärmend   erhitzend

Es geht dabei nicht um die Ess- bzw. Trinktemperatur. Auch heiße Getränke können dich kühlen, wie z.B. Pfefferminztee. Und ein kalt gegessener, scharfer Fleischsalat kann dich erhitzen.

Kalt und kühlend – Nahrungsmittel, Wirkung und unerwünschte Wirkung

Kalt wirkende Nahrungsmittel und Getränke (Beispiele)

Algen	Gurke	Salz	kaltes Wasser
Ananas	Jogurt	Sojasauce	Wassermelone
Banane	Mineralwasser	Südfrüchte allgemein	Zucker (weiß)
Buttermilch	Misopaste	Tomate	

Kühlend wirkende Nahrungsmittel und Getränke (Beispiele)

Apfel, Beeren, Birne und die meisten heimischen Früchte	Früchtetee	Honigmelone	Sprossen
Brokkoli, Paprika, Zucchini und die meisten Gemüsearten	grüner Tee	Kamillentee, Salbeitee, Pfefferminztee und die meisten Kräutertees	Tofu
Fruchtsäfte	grüner Salat	Mungbohnen	

Faustregel für Gemüse und Obst: Je wasserhaltiger, desto kühlender. (z.B. Gurke versus Karotte)

Die Zubereitungsmethode ändert die thermische Wirkung

Durch Kochen, Braten, Grillen, Einlegen etc. ändert sich die thermische Wirkung der Nahrungsmittel.
Beispiel: Tomatensuppe oder -sauce wirkt viel weniger kühlend als eine rohe Tomate. Diese wird durch den Kochprozess wärmer und bekömmlicher. (vergleiche Yinisieren und Yangisieren, Seite 71).

Wirkung der kalten und kühlenden Nahrungsmittel:

- Kühlen von Hitze (deshalb sind sie günstiger im Sommer als im Winter)
- Beruhigung, Schutz vor Stress
- Yin, Säfte und Blut stärkend

Therapeutische Wirkung der kalten und kühlenden Nahrungsmittel und Getränke

Kalte und kühlende Nahrungsmittel sind günstig bei:	Zu viele kalte und kühlende Nahrungsmittel (vor allem in roher Form) sind ungünstig bei:
innerer Hitze (z.B. roter Kopf, Hitzewallungen, großes Bedürfnis nach kalten Getränken, Sodbrennen)	häufigem Frieren und kalten Füßen
innerer Unruhe und Nervosität	Durchfallneigung, Verdauungsprobleme
Sommerhitze	Erkältungsanfälligkeit
cholerischem Temperament (Neigung zu Wutanfällen)	depressiver Verstimmung
	Blasenentzündungsneigung

Abkühlen bei innerer Hitze

Bist du ein Hitzetyp? Verwende mehr kalte und kühlende Nahrungsmittel und Getränke, aber übertreibe nicht mit dem Abkühlen. Sonst könntest du deiner Verdauung schaden. Zu starkes Abkühlen merkst du z.B. an auftretendem Durchfall. Am sichersten kühlst du Hitze mit kühlenden Nahrungsmitteln, die vorwiegend gekocht gegessen werden (z.B. Kompott).

Die TCM-Ernährung empfiehlt, an die Jahreszeit angepasst zu essen. Kühle dich im Sommer, wärme dich im Winter und verwende als Basis immer neutrale Nahrungsmittel.

Neutrale thermische Wirkung –
Nahrungsmittel, Wirkung und unerwünschte Wirkung

Neutrale Nahrungsmittel und Getränke wirken weder kühlend noch wärmend, du kannst sie also sowohl bei innerer Hitze als auch bei Kälte verwenden.

Neutral wirkende Nahrungsmittel und Getränke (Beispiele)

Butter	Erbsen	Hirse	Kichererbsen	Linsen	Pastinake	Rote Rüben (Rote Beete)
Datteln	Forelle	Honig	Kohlrabi	Mais	Polenta	Sardine
Dinkel	Gerste	Karotten	Kuhmilch	Nüsse	Reis	Süßkartoffeln
Ei	Getreidekaffee	Kartoffeln	Kürbis	Olivenöl	Rind	Schwarztee

Wirkung der neutralen Nahrungsmittel:

- Qi aufbauend und nährend
- ausgleichend auf alle Organe
- stärken gleichermaßen Yin wie Yang

Therapeutische Anwendung der neutralen Nahrungsmittel und Getränke

- Für die thermisch neutralen Getreidearten, Hülsenfrüchte und Gemüsearten gibt es keine Kontraindikation. Jeder und jede darf sie essen, egal ob Hitze- oder Kältetyp. Sie bilden die Basis einer ausgewogenen Ernährung nach TCM.
- Die neutralen tierischen Nahrungsmittel sowie die Nüsse und Honig können hingegen in zu großer Menge zu pathogener Feuchtigkeit führen, da sie stark nährend sind. Achtung damit bei Übergewicht, Ödemen, Schwellungen, Verdauungsproblemen (vergleiche Feuchtigkeit, Seite 27).
- Schwarzer Tee und Getreidekaffee sind durch ihren bitteren Geschmack bei Trockenheit und Blutmangel mit Vorsicht zu genießen. Achtung also bei trockenen Augen, trockener Haut, Verstopfung und Schlafproblemen.

Neutral als Basis

Verwende die neutralen Nahrungsmittel als Basis (z.B. gekochtes Getreide, Hülsenfrüchte, Kartoffeln) und ergänze je nach Jahreszeit und deiner Konstitution entsprechend kühlende und wärmende Nahrungsmittel.

Wärmend und erhitzend –
Nahrungsmittel, Wirkung und unerwünschte Wirkung

Wärmende Nahrungsmittel und Getränke (Beispiele)

Bärlauch	Hafer	Kohlsprossen (Rosenkohl)	Maroni	Rotwein
Essig	Huhn	Kümmel	Muskat	Schnittlauch
Fenchel	frischer Ingwer	getrocknete Kräuter	Pinienkerne	Wild
Frühlingszwiebel	Kardamom	Lauch (Porree)	Rosinen	Zwiebel (gekocht)

Erhitzende Nahrungsmittel und Getränke (Beispiele)

Alkohol, hochprozentig	Fleisch-Kraftsuppen	Kakaopulver	Sternanis
Cayennepfeffer	Gewürznelken	Knoblauch	Yogi-Tee
Chili	getrockneter Ingwer	Kren (Meerrettich)	Zimt
Fleisch, frittiert/ gegrillt	Kaffee	Lammfleisch	Zwiebel (roh)

Du merkst schon: Erhitzend sind vor allem die scharfen Gewürze, aber auch die typischen „Weihnachtsgewürze", was in die kalte Jahreszeit passt. Das sommerliche Grillen passt da leider nicht so gut. Gegrilltes Fleisch erwärmt uns stark und lässt uns die Sommerhitze schwerer aushalten.

Tipp fürs sommerliche Grillen:

Grille immer Gemüse mit und iss Kartoffeln oder Reis dazu, um die Wirkung auszugleichen. Der beliebte Gurken- und Tomatensalat ist stark abkühlend und ergibt mit dem erhitzenden Grillfleisch eine schwer bekömmliche Mahlzeit. Die neutral wirkenden gekochten Gemüse, Kartoffeln und gekochtes Getreide sollten immer die Basis bilden.

Wirkung der wärmenden und erhitzenden Nahrungsmittel:

* Vertreibung von eingedrungener Kälte (z.B. Ingwertee bei einer frischen Erkältung)
* Anregung der Verdauungskraft (z.B. Kümmel, Küchenkräuter)
* Dynamisierung, Wärmung und Aktivierung
* Yang (Feuer) stärkend

Therapeutische Wirkung der wärmenden und erhitzenden Nahrungsmittel und Getränke

Wärmende und erhitzende Nahrungsmittel (in Maßen) sind günstig bei:	Zu viele wärmende und erhitzende Nahrungsmittel sind ungünstig bei:
innerer Kälte (z.b. kalte Füße, häufiges Frieren, kalter Rücken und Bauch)	innerer Hitze (z.b. Nachtschweiß, Hitzewallungen, roter Kopf)
Lethargie und Antriebslosigkeit (ohne innere Unruhe)	innerer Unruhe, Schlafproblemen (Yin-Mangel
schwacher Libido	roten Hauterscheinungen, Ekzemen, Akne
Fruchtbarkeitsproblemen	Bluthochdruck
kalten Außentemperaturen (Winterkälte)	Sommerhitze
Infektanfälligkeit	Schilddrüsenüberfunktion
Neigung zu wässrigem oder morgendlichem Durchfall	Verstopfung mit hartem Stuhl
	cholerischem Temperament (Neigung zu Wutanfällen)

Wärmen bei innerer Kälte

Bist du ein Kältetyp (Yang-Mangel)? Wärme dich mit wärmenden und in Maßen auch mit erhitzenden Zutaten. Sei aber vorsichtig mit der Verwendung erhitzender Gewürze, um keine innere Hitze hervorzurufen. Im Übermaß verwendet können Gewürze wie Chili, Pfeffer, Zimt und Knoblauch Gereiztheit, Unruhe und innere Anspannung erzeugen.

Die **erhitzenden** Nahrungsmittel, Gewürze und Getränke gehören in den Winter, dann schützen sie uns vor der Kälte. Als Medizin bei Erkältungen sind Knoblauch, Zimt und Ingwertee ideal, um die eingedrungene Kälte zu vertreiben.

Die **wärmenden** Nahrungsmittel können wir auch in den anderen Jahreszeiten zu uns nehmen, sie helfen unserer Verdauung und bewegen unser Qi.

Da wir in unserer Leistungsgesellschaft mit viel Stress schon von vornherein zu innerer Hitze neigen (Stress und Druck wirken erhitzend), sollten die meisten Menschen mit erhitzenden Gewürzen grundsätzlich vorsichtig sein.

Grober Überblick zur thermischen Wirkung der Nahrungsmittel und Getränke:

		Trockenfrüchte	Fleisch
		Getreide	Gewürze
		Eier	Kaffee
	Obst	Hülsenfrüchte	Alkohol
Rohkost	Gemüse	Schwarztee	Yogi-Tee
Jogurt	Grüntee	Fisch	Chai
Buttermilch	Kräutertee	Hartkäse	Kakao

kalt   neutral   heiß

Zu dieser Einteilung gibt es Ausnahmen:

- **wärmendes Obst:** Kirschen, Pfirsich, Marille
- **wärmendes Gemüse:** Fenchel, Kohlsprossen (Rosenkohl), Lauch (Porree), Bärlauch, Schnittlauch, Zwiebel, Knoblauch (erhitzend)
- **wärmendes Getreide:** Hafer
- **kühlendes Getreide:** Weizen
- **kühlender Alkohol:** Bier, Weißwein – auf Dauer wirkt Alkohol aber immer erhitzend
- **kühlende Kräuter:** Minze, Majoran, Kresse
- **kühlendes Fleisch:** Schwein, Ente (Z.B. bei Bengt Jacoby, Barbara Temelie)

Wärmendes Obst, kühlendes Fleisch?

Meiner Erfahrung nach ist rohes Obst immer kühlend, auch Pfirsich oder Kirschen. Durch die Zubereitung zu Kompott, zur Suppe oder einer anderen gekochten Speise werden rohes Obst und rohes Gemüse wärmer.
Fleisch ist für mich immer wärmend, auch Schweinefleisch. Diese Ausnahmen spielen für die Ernährungspraxis also meiner Meinung nach keine Rolle.

Genauere Informationen zur thermischen Wirkung der Nahrungsmittel findest du in der Nahrungsmittel-Liste am Ende des Buches (vgl. Seite 73).

Kochen nach TCM – die wichtigsten Fragen und Antworten

Muss ich exotische Zutaten kaufen und vielleicht sogar chinesisch kochen lernen?

Die Basis der Fünf-Elemente-Ernährung bilden heimische, saisonale Nahrungsmittel. Exotische Zutaten wie Misopaste oder Algen dürfen, aber müssen nicht sein. Du brauchst nicht chinesisch kochen zu lernen, Hauptsache du kochst überhaupt. Verwende dabei hauptsächlich frische Zutaten. Mikrowelle und Tiefkühlkost gelten nach TCM als qi-arm und schwer bekömmlich und sollten nur ab und zu auf den Teller kommen.

Muss ich in der TCM Getreidebreie essen? Ich mag es lieber deftiger!

Die TCM-Ernährung ist laut den alten Quellen sehr getreidelastig, was nicht für alle Menschen passt. Du kannst auch nach TCM essen, wenn du lieber Fleisch, Kartoffeln und Gemüse isst.

Zwei wichtige Faktoren für die passende Ernährung sind:

* Es soll dir schmecken.
* Es soll dich satt und zufrieden machen.

Das kannst du beim Frühstück gut austesten: Iss einmal ein Haferflockenporridge mit Apfel und am nächsten Tag Gemüse-Eierspeise. Was macht dich besser satt?

Wenn dir Getreidebreie nicht schmecken oder nicht gut tun, lass sie bitte weg.

Brauche ich dafür spezielle Kochbücher und komplizierte Rezepte?

Nein, spezielle Kochbücher sind nicht notwendig. Und Rezepte nach TCM dürfen einfach sein. Das Wichtigste ist, dass du möglichst natürliche und frische Zutaten verwendest.

Wenn du gerne kochst, darfst du natürlich gerne auch komplizierte Rezepte ausprobieren. Wenn du nicht so gerne kochst, ist mein Tipp für dich: denke einfach!

Beispiele für einfache Speisen, die TCM-tauglich sind:

* Reis mit gebratenen Zucchini und Spiegelei
* Kartoffeln mit Butter und etwas Käse
* Geschnetzeltes aus Bio-Fleisch mit Champignonsauce und Reis
* verschiedenste Gemüsesuppen, z.B. pürierte Brokkolisuppe
* Palatschinken aus Dinkelmehl, mit Haferdrink statt mit Kuhmilch zubereitet
* Grießkoch (Grießbrei), mit Hafer- oder Reisdrink zubereitet und Kompott

Wenn du jetzt gleich mit dem Kochen anfangen willst, stöbere doch einmal in den Rezepten auf meinem Blog: www.ernaehrungsberatung-wien.at/blog/rezepte, diese sind einfach und alltagstauglich.

Muss ich „im Kreis kochen", um es richtig zu machen? Und was ist das überhaupt?

Dabei werden die Geschmacksrichtungen im Fütterungszyklus (vgl. Seite 48) beim Kochen dazugegeben, z.b. süß/Erde (Olivenöl, Karotten), dann scharf/Metall (Gewürze), dann Salz (Wasser), dann etwas Saures (Zitrone) und zum Abschluss etwas Bitteres (Kurkuma). Danach kann man wieder von vorne anfangen. Der Geschmack, mit dem man endet, sendet die Wirkung der gesamten Mahlzeit zum jeweiligen Organ/Element. Der Sinn soll sein, die Speisen bekömmlicher und ausgewogener zu machen.

In den meisten Kochbüchern nach den 5 Elementen oder TCM (z.b. Barbara Temelie) werden die Rezepte genau so angegeben, was anfänglich kompliziert und abschreckend wirken kann.

Die gute Nachricht: Das Ganze ist nicht notwendig für eine gesunde Ernährung nach der TCM. Wenn du Lust hast, probiere das „Im Kreis Kochen" aus, ansonsten vergiss es einfach wieder.

Wenn ich alles kochen soll, woher bekomme ich dann meine Vitamine?

Für die meisten Menschen ist es günstig, mehr gekochte Speisen zu essen. Besonders das gekochte Frühstück ist eine wesentliche Säule der TCM-Ernährung.

Das heißt aber nicht, dass Rohkost verboten wäre. Iss ruhig einen kleinen Salat zum Essen oder zwischendurch rohes Obst. (vgl. verbotene Nahrungsmittel, Seite 70)

Auch bei vorwiegend gekochtem Essen ist die Vitaminversorgung durch die Verwendung von ausreichend Gemüse, verschiedenem Getreide und guten Fetten gewährleistet. Im Kochprozess bleiben genügend Nährstoffe erhalten, die noch dazu viel besser verdaut, also im Körper umgewandelt werden können als bei Rohkost. Die besten Nährstoffe bringen dir nichts, wenn du sie nicht verdauen, also in Qi und Blut umwandeln, kannst.

Einer der Unterschiede zwischen TCM-Ernährung und westlicher Ernährung ist, dass die Verdauungsleistung im Mittelpunkt steht und nicht die Inhaltsstoffe. Eiweiß, Kohlenhydrate und Vitamine spielen in der TCM keine Rolle. Wenn du dich saisonal und bunt ernährst (alle 5 Farben kommen vor), bekommst du auch bei vorwiegend gekochtem Essen ausreichend Vitamine.

Ich koche für meine Familie. Muss ich da für jeden extra kochen?

Eine geschmacklich und thermisch ausgewogene Ernährung nach TCM ist für alle Menschen geeignet. Thermisch ausgewogen bedeutet, dass die sehr hitzigen und sehr kalten Zutaten nur in Maßen verwendet werden, der Hauptanteil aus thermisch sanft kühlenden bis sanft wärmenden Mahlzeiten besteht (s. thermische Wirkung, Seite 62.

Spezielle Zutaten für verschiedene Typen nach TCM (z.B. Kälte, Hitze) können leicht dazugegeben werden oder dazwischen gegessen werden. Also kein extra Kochen für den Papa und die Kinder!

Wenn du dich für Rezepte speziell für Kinder (ab dem 1. Geburtstag) interessierst, empfehle ich dir mein eBook „39 TCM-Rezepte für dein Kind" (mit vielen Extra-Gesundheitstipps für Kinder).

Nehme ich vom gekochten Frühstück und den regelmäßigen Mahlzeiten nicht zu?

Kalorien sind kein Thema in der Ernährung nach TCM, also entfällt auch das Zählen der Kalorien, das in vielen Köpfen fest verankert ist.

Ein gekochtes Frühstück aus Getreide und Kompott oder Reis und Gemüse ist sehr leicht bekömmlich und macht nicht dick.

Häufig glauben wir, dass ein gekochtes Abendessen „schwerer" ist als eine „leichte" Brotmahlzeit. In der TCM ist es umgekehrt. Außer natürlich wir essen am Abend Schweinsbraten oder Lasagne.

Eine Suppe oder eine gekochte Mahlzeit mit überwiegendem Gemüseanteil am Abend (durchaus mit etwas Fleisch oder Ei dazu, wenn es dir schmeckt) ist wesentlich leichter zu verdauen und liegt weniger im Magen als ein Käsebrot.

Laut dem Kochtopf-Modell (vgl. Seite 25) nimmt man durch das Anhäufen von Feuchtigkeit (die „kalte Suppe") zu. Es sind also eher das kalte Essen und zu viel Rohkost und Milchprodukte sowie Süßigkeiten, die dick machen, als regelmäßige gekochte Mahlzeiten.

Gibt es in der TCM verbotene Nahrungsmittel?

Nein, es gibt keine Verbote. Es gibt allerdings ein häufig anzutreffendes Missverständnis:

Brot, Kuhmilch, Käse, Jogurt, Zucker, Kaffee, Bananen (und noch viele andere, je nachdem, mit wem du darüber sprichst) sind „schlechte" Nahrungsmittel und Getränke und du darfst sie laut TCM nie mehr essen und trinken.

Und wo ist jetzt das Körnchen Wahrheit, das in jedem Missverständnis enthalten ist? **Die Wahrheit ist, dass es laut TCM Nahrungsmittel gibt, die weniger empfehlenswert sind.**

Und zu diesen zählen die oben aufgezählten wie Kuhmilch, Brot und Jogurt.
Dieses „weniger empfehlenswert" lässt sich allerdings nicht verallgemeinern.

Beispiel: Hannes ist ein körperlich sehr aktiver Mann, der gerne in seinem Hof Holz hackt und in die Berge klettern geht. Manche Menschen meinen, Hannes ist hyperaktiv. Er ist ein hitziger Typ und läuft im T-Shirt herum, wenn alle rundherum einen Pullover tragen.

Christian sitzt den ganzen Tag im Büro und fährt dann mit dem Auto nachhause. Er mag es entspannt und sitzt am liebsten mit seinen Freunden im Kaffeehaus.
Christian braucht in der Nacht einen warmen Pyjama und Socken, damit ihm nicht kalt ist. Was denkst du, welcher der beiden Männer mehr Jogurt verträgt, ohne dass es ihm schadet?

Richtig, es ist Hannes.
Jogurt ist stark abkühlend. Es kühlt Hannes' innere Hitze. Durch die viele Bewegung kann er es besser „verbrennen".
Christian hingegen würde das Jogurt noch weiter abkühlen, sodass er mehr friert als vorher. Sein Lebensfeuer leidet unter zu viel Jogurt und er hat noch weniger Lust auf Bewegung als vorher.

Die allgemeine Empfehlung „In der TCM-Ernährung ist Jogurt verboten" stimmt so also nicht. Alle Ernährungsratschläge sind abhängig von deiner persönlichen Verfassung, also wie es um dein Qi, dein Yin und Yang etc. bestellt ist (vgl. Seite 7ff.).

Zwei wichtige Faktoren bei den weniger empfehlenswerten Nahrungsmitteln sind:

1. die Menge

Beispiel: In der Früh Marmeladebrot, zu Mittag in der Arbeit ein belegtes Weckerl und am Abend eine kalte Jause mit Wurst- und Käsebrot – ja, das ist eindeutig zu viel Brot und wird deiner Gesundheit auf Dauer wahrscheinlich nicht zuträglich sein.

2. die Kombination

Beispiele: Brot als typische Jause mit Wurst, Käse und rohem Gemüse wirkt ganz anders als ein Butterbrot, das du zu einer Suppe dazu isst. Käse zu Pellkartoffeln mit Butter ist bekömmlicher als ein Käsebrot. Ein großer Obstsalat wirkt stark abkühlend und befeuchtend, ein paar Stücke Banane in deinem Haferflockenporridge, frisch untergerührt, sind leicht kühlend, die befeuchtende Wirkung wird durch die gekochten Haferflocken so gut wie neutralisiert.

Wie kann ich die thermische Wirkung der Nahrungsmittel beim Kochen beeinflussen?

Durch die Zubereitung verändert sich die Wirkung deiner Mahlzeit, sie kann kühlender oder wärmender werden.

Yinisieren bedeutet: kühlender machen

Yangisieren bedeutet: wärmender machen

So kannst du Nahrungsmittel yinisieren:

* keimen lassen, in Wasser einlegen, in Sojasauce einlegen

deutlich kühlender bis kalt machen:

* tiefkühlen, in Salz einlegen

So kannst du Nahrungsmittel yangisieren:

* kochen, dünsten, dampfgaren, schmoren, blanchieren, backen
* zerkleinern, reiben, pürieren
* in Essig einlegen, trocknen (z.B. Trockenfrüchte, Kräuter)

deutlich wärmer bis erhitzend machen:

* grillen, rösten, braten, frittieren, in Alkohol zubereiten
* scharfe Gewürze verwenden

Beispiele: Rohe Tomaten sind nach TCM stark abkühlend. Durch Kochen zu einer Sauce oder Suppe werden sie wärmer und wirken nur noch leicht kühlend bis neutral.

Linsen sind neutral. Durch Keimen werden sie kühlend.

Rindfleisch ist wärmend. Durch scharfes Anbraten wird es erhitzend.

Apfel ist kühlend. Als Kompott gekocht ist er neutral. Durch die Zugabe von Zimt und Gewürznelken wird das Kompott wärmend.

Muss ich Sachen essen, die mir nicht schmecken, weil sie so gesund sind?

Genuss fördert die Verdauung. Bitte iss nichts, was dir nicht schmeckt. Damit kannst du kein Qi aufbauen.

Nimm dir die Zeit und Ruhe, um Schritt für Schritt herauszufinden, was dir schmeckt und was dir auch richtig gut tut. Achte dabei auf dein Wohlbefinden, dein Energielevel nach dem Essen und deine Verdauung sowie deinen Schlaf.

Das Ziel ist, dass du immer unabhängiger von Ernährungsmoden und -trends wirst und immer besser selber spürst, was die richtige Ernährung für dich ist.

Auch die Empfehlungen aus der TCM-Ernährung sind nicht für jede/n richtig und ich möchte dich zum Abschluss dieses Buches ermutigen, dein Bauchgefühl wieder stärker wahrzunehmen und darauf zu hören.

Ernährung ist immer nur ein Teil einer insgesamt günstigen Lebensführung, aber sie kann dir helfen, dich gesünder und fitter zu fühlen und Krankheiten vorzubeugen.

Liste der Nahrungsmittel und ihre Wirkungen

Diese Liste führt die meiner Meinung nach wichtigsten Wirkungen der verbreitetsten Nahrungsmittel auf. Im „Praxisbuch Nahrungsmittel und Chinesische Medizin" (siehe Quellen) kannst du weiter recherchieren.

Die thermische Wirkung wird in den verschiedenen Quellen nicht immer einheitlich angeführt. Die Unterschiede sind aber nur graduell, zum Beispiel Banane: kalt oder kühlend. Im Zweifelsfall habe ich die thermische Wirkung genommen, die mir aus eigener Erfahrung und Recherche am wahrscheinlichsten erscheint.

Diese Liste findest du auch in meinem eBook „39 TCM-Rezepte für dein Kind", hier habe ich einige Nahrungsmittel und Getränke ergänzt.

	thermische Wirkung	Organbezug	spezielle Wirkungen
Amaranth	neutral	Darm, Lunge, Niere	stärkt Verdauung, Knochen, Zähne, Hirn
Algen	kalt	Nieren	leitet Feuchtigkeit aus, stärkt Knochen, Zähne, Haare, Hirn
Apfel	kühlend	Lunge, Magen, Darm	leitet Feuchtigkeit aus, gut bei Reizhusten und zähem Lungenschleim
Banane	kalt	Magen, Dickdarm	reguliert Stuhlgang, gut bei trockener Verstopfung
Birne	kühlend	Lunge, Darm	befeuchtet Lunge, hilft bei trockenem Husten, Fieber, Unruhe
Brokkoli	kühlend	Leber, Lunge	baut Blut auf, leitet Feuchtigkeit aus, hilft bei entzündeten Augen
Brombeeren	neutral	Leber, Niere	baut Blut auf, adstringierend, gut bei Anämie, Sehschwäche und Bettnässen
Buchweizen	neutral	Milz, Magen, Darm	stärkt Verdauung, bewegt Qi, gut bei Venenschwäche, Krampfadern
Butter	neutral	Milz, Lunge	befeuchtet Lunge, gut bei trockenem Husten, trockener Haut, Erschöpfung
Cashewkerne	neutral	Leber, Herz	beruhigt den Geist, unterdrückt inneren Wind, gut bei Migräne, Reizdarm, Unruhe, Schlafproblemen
Champignons	kühlend	Milz, Magen	leitet Feuchtigkeit aus, entgiftet, gut bei Übergewicht, gute Beilage zu Fleisch
Couscous	kühlend	Herz, Leber, Niere	stillt Durst, beruhigt den Geist, gut bei Schlafstörungen
Datteln	neutral	Milz, Lunge	baut Blut auf, stärkt Immunsystem, gut bei Infektanfälligkeit

Dinkel	neutral	Magen, Leber	stärkt Verdauung und Blut, gut bei Anämie, Schwäche
Ei	neutral	Herz, Leber, Lunge	befeuchtet Lunge, baut Blut auf, gut bei Halsweh, Herzklopfen, Nervosität, Untergewicht
Erbsen	neutral	Milz, Leber	regulieren Qi, gut bei Schluckauf, Aufstoßen und Erschöpfung
Erdbeere	kühlend	Leber, Milz, Niere, Lunge	leitet Feuchtigkeit aus und stärkt das Yin, gut bei hohem Cholesterinwert, gut bei Halsweh und Heiserkeit
Essig	wärmend	Magen, Leber	bewegt Blut, z.b. bei Menstruationsschmerzen, Kopfschmerz, stärkt Darmflora (Achtung: nur unpasteurisierter Essig), adstringierend - gut bei Nachtschweiß, Nasenbluten
Feige	neutral	Darm, Milz	reguliert Stuhlgang, gut bei trockener Verstopfung und Energiemangel
Feta (Schafkäse)	wärmend	Lunge, Darm	befeuchtet Lunge und Darm, gut bei trockenem Husten, Verstopfung, allgemeiner Schwäche
Frischkäse	kühlend	Lunge, Darm	befeuchtet stark, Achtung bei Feuchtigkeits-symptomen wie Ödemen, Übergewicht, Durchfallneigung
Gerste	neutral	Milz, Magen, Darm, Blase	stärkt Verdauung und Bindegewebe, hilft, Feuchtigkeit auszuleiten (Ödeme), beruhigt den Magen (z.B. bei Gastritis)
Grüntee	kühlend	Niere, Blase, Magen	leitet Feuchtigkeit und Hitze aus, gut bei Blasenentzündung, Bluthochdruck, Achtung bei innerer Kälte und Blut-Mangel
Gurke	kalt	Magen, Herz, Niere	kühlt Sommerhitze und Fieber, harntreibend, gegen Durst und Halsweh
Hafer(flocken)	wärmend	Milz, Magen, Lunge, Darm	stärkt Verdauung und Immunsystem, wirkt anregend
Haselnüsse	neutral	Milz, Magen, Niere	baut Blut auf, gut bei Bettnässen, Anämie. Achtung: hohes allergenes Potenzial
Heidelbeeren (Blaubeeren)	kühlend	Leber, Niere	baut Blut auf, adstringierend (Tee aus getrockneten Heidelbeeren bei Durchfall)
Hering	neutral	Milz, Magen, Lunge	stärkt Verdauung, Immunsystem und Blut, gut bei Anämie und Erschöpfung

Himbeeren	kühlend	Leber, Niere	baut Blut auf, adstringierend (Tee aus getrockneten Himbeeren bei Blasenschwäche)
Hirse	neutral	Milz, Magen, Niere	stärkt Verdauung und Blut, gut bei brüchigen Nägeln, Haarausfall, Candida
Honig	neutral	Milz, Lunge, Darm	stärkt Verdauung, befeuchtet Lunge und Darm, gut bei trockenem Husten, Verstopfung, Untergewicht
Jogurt	kalt	Lunge, Darm	befeuchtet Lunge und Darm, gut bei trockenem Husten, Verstopfung, Gastritis (in kleinen Mengen)
Kaffee	wärmend	Herz, Kreislauf	bewegt Qi, regt an, gut bei Völlegefühl nach dem Essen, Kreislaufschwäche, Achtung bei Magen- und Schlafproblemen und Unruhe
Karfiol (Blumenkohl)	kühlend	Lunge, Magen	leitet Hitze aus, gut bei trockenem Husten, Magengeschwür
Karotten	neutral	Darm, Lunge, Leber	stärkt Verdauung, Immunsystem und Blut, gut bei Durchfall, trockenen Augen
Kartoffel	neutral	Milz, Magen	stärkt Verdauung, beruhigt sauren Magen
Kichererbsen	neutral	Milz, Niere, Darm	stärkt Verdauung, reguliert Stuhlgang, baut Blut auf, gut bei Anämie
Kirsche	wärmend	Milz, Leber	baut Blut auf, hilft bei rheumatischen Beschwerden
Knoblauch	heiß	Lunge, Leber	vertreibt Wind-Kälte, entschleimt, gut bei Erkältung mit Frieren
Kohlrabi	neutral	Leber, Magen	bewegt das Qi, z.B. bei Nahrungsstau und Schmerzen beim Harnlassen
Kohlsprossen (Rosenkohl)	wärmend	Milz, Leber, Darm	stärkt Verdauung und Blut, entschleimt, gut bei Erschöpfung und Anämie
Kokosfett	neutral	Milz	befeuchtet und baut Yin auf, gut bei Gewichtsverlust, Auszehrung
Kokosraspeln	neutral	Niere, Milz, Leber	baut Blut auf, stärkt Knochen, Zähne, Haare und Nägel
Kürbis (dunkel, z.B. Hokkaido)	wärmend	Magen, Leber, Lunge	stärkt Verdauung, Immunsystem und Blut, gut bei verschleimtem Husten
Kürbiskerne	neutral	Blase, Niere	leitet Feuchtigkeit aus, diuretisch, gut bei Reizblase
Lachs	wärmend	Leber, Milz, Niere	tonisiert Yin, gut in den Wechseljahren, bei Energiemangel, trockener Haut, brüchigen Nägeln und Haaren

Lauch (Porree	wärmend	Niere, Lunge	stärkt Nieren-Feuer und Immunsystem, entschleimt, gut bei Erkältung mit Frieren
Linsen	neutral	Niere, Milz, Herz	stärkt Verdauung, reguliert Stuhlgang, baut Blut auf, leitet Feuchtigkeit aus
Mais	neutral	Magen, Niere	stärkt Verdauung, gut bei Appetitlosigkeit und schlechten Zähnen
Makrele	neutral	Milz, Herz, Niere	stärkt Verdauung und Immunsystem, leitet Feuchtigkeit aus, gut bei rheumatischen Beschwerden
Mandelmus	neutral	Lunge, Darm	befeuchtet Lunge und Darm, gut bei trockenem Husten, trockener Verstopfung
Mandeln	neutral	Lunge, Darm	befeuchtet Lunge und Darm, gut bei trockenem Husten, Asthma, trockener Verstopfung
Marille (Aprikose)	wärmend	Leber, Lunge	baut Blut auf, entschleimt, gut bei Anämie (v.a. Trockenaprikosen)
Melanzani (Auberginen)	kühlend	Milz, Magen, Leber	leitet Hitze aus, kühlt und bewegt Blut, gut bei Blutungen, roten Hautausschlägen, Mundaphten
Misopaste	kalt	Milz, Darm, Niere	entgiftet und leitet Feuchtigkeit aus, gut nach zu viel Alkohol oder Nikotin, bei Übersäuerung, hohem Cholesterin
Oliven	neutral	Gallenblase, Lunge	bewegt Qi, leitet Feuchtigkeit aus, regt Gallenblase an, gut bei Heiserkeit und Husten
Olivenöl	kühlend	Niere, Leber	leitet Feuchtigkeit aus, baut Blut auf, gut für Knochen und Gehirn, gut bei Neurodermitis
Paprika	kühlend	Magen, Dickdarm	entschleimt, wird zur Krebsprophylaxe verwendet
Parmesan	wärmend	Lunge, Niere	stärkt in kleinen Mengen Lunge und Niere, gut bei körperlicher Belastung
Pfirsich	wärmend	Magen, Darm, Lunge	befeuchtet Darm und Lunge, gut bei trockenem Stuhl, trockenem Husten, Durst
Polenta	neutral	Magen, Niere, Darm	stärkt Verdauung, leitet Feuchtigkeit aus
Quinoa	neutral	Niere	wärmt die Nieren, gut bei kaltem Rücken, schwachen Knien, Eisenmangel
Reis	neutral	Milz, Magen, Lunge	stärkt Verdauung, leitet Feuchtigkeit aus, gut bei Durchfall

TCM Praxis

Reismilch	neutral	Milz, Magen, Lunge	stärkt (in Maßen) Verdauung und Lunge. Achtung: ungesüßte Reismilch kaufen
Rettich (und Radieschen)	kühlend	Lunge, Magen	entschleimt (roh), leitet Hitze aus, gut bei verschleimter Lunge, Nasenbluten
Rind	wärmend	Milz, Magen, Niere	baut Qi und Blut auf, stärkt Stoffwechsel, gut bei Erschöpfung, Knochenschwäche, Gewichtsverlust
Rosine	wärmend	Leber, Milz, Lunge	befeuchtet trockene Lunge, bewegt Blut, baut Blut auf, gut bei kalten Händen
Salat (Endivien, Feldsalat, Kopfsalat)	kühlend bis neutral	Herz, Leber, Darm	stärkt das Blut, beruhigt den Geist, gut bei Schlafproblemen, Nervosität
Sardinen	neutral	Milz, Herz, Niere	stärkt Verdauung und Immunsystem, leitet Feuchtigkeit aus, diuretisch
Sauerrahm	kühlend	Lunge, Darm, Leber	befeuchtet Lunge und Darm, gut bei trockener Haut, trockener Verstopfung
Schlagobers (Sahne)	kühlend	Lunge, Milz, Darm	befeuchtet Lunge und Darm, gut bei trockener Haut, trockener Verstopfung
Schwarztee	neutral	Magen, Blase, Darm	leitet Feuchtigkeit aus, gut bei Miktionsstörung und erhöhtem Cholesterin, Achtung bei Schlafstörungen und Blut-Mangel/Trockenheit
Schwein	kühlend/ neutral	Niere, Leber, Milz	sehr befeuchtend, gut bei Kraftlosigkeit und Auszehrung, nicht bei Rheuma, Übergewicht, Gicht, Ekzemen
Sellerie (Knolle)	neutral	Leber, Milz, Magen	stärkt Verdauung, baut Blut auf, gut bei Sehschwäche, Anämie
Sesammus (Tahini) und -öl	neutral	Niere, Leber, Darm	befeuchtet Darm (trockener Stuhl), gut für Knochen, Gehirn, Haut, Nägel
Sojamilch	kalt	Lunge, Milz, Magen	stärkt das Yin, befeuchtet, gut bei trockenem Husten, rissiger Haut, Wechseljahrbeschwerden
Sojasauce (Tamari oder Shoyu)	kalt	Milz, Magen, Darm	leitet Hitze aus, entgiftet, stärkt Verdauung und Immunsystem
Sonnenblumenkerne	neutral	Niere, Darm, Milz	stärkt Verdauung und Kreislauf, gut für Knochen und Gehirn
Spinat	kühlend	Leber, Milz	baut Blut auf, gut bei Unruhe und Durst, gut bei Ekzemen

Stangensellerie	kühlend	Leber, Magen	leitet Hitze aus, gut bei Augenentzündung und Kopfschmerzen
Süßkartoffel	neutral	Milz, Magen, Darm	stärkt Verdauung, tonisiert das Yin (trockene Haut, Auszehrung, Untergewicht, Unruhe)
Tofu	kühlend	Magen, Lunge, Niere	leitet Hitze aus, gut bei Gastritis, Bindehautentzündung, innerer Hitze
Tomaten	kalt	Leber, Magen	leitet Hitze aus, kühlt Blut, gut bei Kopfweh, roten Augen, Zahnfleischbluten
Walnüsse	wärmend	Niere, Lunge	wärmt Niere, gut für Rücken und Knie, bei Asthma, Bettnässen. Achtung: hohes allergenes Potenzial
Wassermelone	kalt	Herz, Leber, Blase	leitet Hitze aus, gut gegen Sommerhitze, bei Mundaphten, Unruhe, Durst
Weintraube	neutral	Leber, Milz, Lunge	befeuchtet trockene Lunge, bewegt Blut, gut bei Hämorrhoiden, innerer Unruhe
Weizen	kühlend	Herz, Milz	befeuchtet und stärkt das Yin (bei Gewichtsverlust, trockenem Mund, Nachtschweiß), beruhigt den Geist (innere Unruhe, Schlafstörungen: Weizentee: 2 EL Weizenkörner in ½ l Wasser 30 Min. kochen, trinken)
Zitrone	kühlend	Leber, Lunge	leitet Hitze aus, gut bei Halsweh, Durst, Sommergrippe
Zucchini	kühlend	Milz, Magen, Niere	leitet Hitze aus, kühlt Blut, gut bei Neurodermitis, Gastritis, Nierenentzündung
Zwetschge	wärmend	Leber, Darm	bewegt Qi, wirkt abführend (getrocknet oder frisch), gut bei cholerischem Temperament
Zwiebel	wärmend	Lunge, Leber	entschleimt, stärkt Immunsystem, gut bei Erkältung mit Frieren, Bronchitis (Tee, Wickel) (rohe Zwiebel ist erhitzend)

Literaturliste

Ulrike von Blarer Zalokar u.a., Praxisbuch Nahrungsmittel und Chinesische Medizin, Schiedlberg 2011

Ute Engelhardt/Carl-Hermann Hempen, Chinesische Diätetik, München 2006

Bob Flaws, Chinesische Heilkunde für Kinder, Sulzberg 1998

Claudia Focks/Norman Hillenbrand (Hg.), Leitfaden Chinesische Medizin, München 2006
- der umfassendste Überblick über alle Aspekte der TCM, inklusive Akupunktur und chinesische Kräuter und Ernährung, über 1500 Seiten dick, gutes Nachschlagwerk

Manuela Heider de Jahnsen, Das große Handbuch der Chinesischen Ernährungslehre, Aitrang 2006
- erklärt gut die Organuhr (jedes Organ hat 2 Stunden am Tag seine energetische Hochzeit, 12 Stunden danach seine Tiefzeit, z.b. Lunge: Hochzeit von 3-5 Uhr früh), S. 140-143

Bengt Jacoby, Gesünder leben mit den fünf Elementen, Freiburg im Breisgau 2000
- erklärt gut die Organuhr, S. 41-43
- gibt von allen Quellen den umfassendsten Überblick über die Zuordnungen nach den 5 Elementen (z.b. Sinnesorgan, Geruch, Tier, Himmelsrichtung, Gewebe etc., die dem Holz, Feuer, Erde, Metall, Wasser zugeordnet sind), S. 36f.

Ted J. Kaptchuk, Das große Buch der chinesischen Medizin, Frankfurt a.m. 2006

Daverick Leggett, Selbstheilung durch Ernährung, München 2004

Udo Lorenzen/Andreas Noll, Die Wandlungsphasen der traditionellen chinesischen Medizin, Bd. 3, Wandlungsphase Erde, München 2004

Giovanni Maciocia, Zungendiagnose in der chinesischen Medizin, Uelzen 2003

Paul Pitchford, Healing with Whole Foods, Berkeley 2002
- eine Verbindung des alten Wissens der TCM mit modernem westlichem Ernährungswissen, inklusive der Eigenschaften von Calcium, Magnesium usw.

Barbara Temelie, Ernährung nach den Fünf Elementen, Oy-Mittelberg 2008
- erklärt sehr gut die Funktionen der 5 Organe/Funktionskreise (Leber, Herz, Milz, Lunge, Nieren), S. 99ff.

Barbara Temelie, Mit der 5-Elemente-Ernährung zur Wohlfühlfigur, München 2009

Georg Weidinger, Die Heilung der Mitte, Steyr 2011

Georg Weidinger, Die chinesische Hausapotheke, München 2015
- erklärt gut die 5 Geister, die den 5 Elementen zugeordnet sind (Hun, Shen, Yi, Po, Zhi), S. 86-91

Katharina Ziegelbauer, Jucken adé. Richtig essen bei Neurodermitis, Kneipp-Verlag, Wien 2017

Katharina Ziegelbauer, Eine starke Leber durch richtige Ernährung. MIt 6-Wochen-Entgiftungsprogramm, Kneipp-Verlag, Wien 2018

Index

T

U

V

W

Y

Z

TCM Praxis